MAKE THE ENTERPRISE STRONG

强企

世界领先企业提升业绩的秘诀

THE SECRET ENTERPRISES TO POWERFUL COMPANIES IMPROVE PERFORMANCE

何鹏程 著

企业管理出版社
ENTERPRISE MANAGEMENT PUBLISHING HOUSE

图书在版编目（CIP）数据

强企：世界领先企业提升业绩的秘诀/何鹏程著．—北京：企业管理出版社，2013.5
ISBN 978-7-5164-0339-6

Ⅰ．①强…　Ⅱ．①何…　Ⅲ．①企业绩效－企业管理　Ⅳ．①F272.5

中国版本图书馆 CIP 数据核字（2013）第 085708 号

书　　名：强企：世界领先企业提升业绩的秘诀
作　　者：何鹏程
选题策划：刘　刚
责任编辑：谢晓绚
书　　号：ISBN 978-7-5164-0339-6
出版发行：企业管理出版社
地　　址：北京市海淀区紫竹院南路 17 号　邮编：100048
网　　址：http：//www.emph.cn
电　　话：总编室（010）68701719　发行部（010）68414644
　　　　　编辑部（010）68701661　（010）68701891
电子信箱：emph003@sina.cn
印　　刷：三河市南阳印刷有限公司
经　　销：新华书店
规　　格：170 毫米×240 毫米　16 开本　14.5 印张　173 千字
版　　次：2013 年 5 月第 1 版　2013 年 5 月第 1 次印刷
定　　价：39.80 元

序一

兴企之要，强企之道
——构建科学有效的企业经营哲学

企业是我国社会主义现代化建设的重要支柱，是市场经济的主体和社会责任的重要承担者之一，是国民经济的根基、命脉和脊梁。企业不仅承担着创造财富的经济责任、增进民生福祉、保护生态环境和促进社会和谐稳定的社会责任，而且还承担着推进社会主义文化建设的责任。企业兴则国家兴，企业强则国家强，企业在全面建成小康社会、实现中华民族伟大复兴的中国梦中发挥着重要作用。

在竞争日益剧烈的市场环境里，趋利本性往往容易使企业把“做强做大做久”的长远发展战略暂时搁置，让企业过于看重短期利益。若快速成长超过了极限，急剧扩张带来企业组织存在的缺陷：企业管理体系严重滞后、过度的市场投机心理、频繁的人员流动、过高的广告营销费用、不理智的投资决策、不适当的管理方式等，都可能使企业停滞不前、走向衰落。何鹏程先生的《强企：世界领先企业提升业绩的秘诀》一书以创新的思维，古为今用，中西结合，将西方成熟、先进的管理科学理念、工具与东方经典哲学精华相结合，将企业文化、经营理念上升到企业经营哲学的高度，从价值观统一、过程管控到业绩提升等企业经营全过程，进行了系统阐述，构建了框架体系，既有理论的创造性，又有可操作的实用性。本书的出版发行，将为企业优化管理系统、提升业绩，提供科学、有效的工具，指导企业建立经营哲学，推动企业经营理念创新、科技创新、管理创新和企业文化创新。企业经营哲学是建立在正确的为人处事之道和普遍的伦理观之上，因此它可以超越地域限制，能够在经济全球化、企业国际化性经营中有效发挥作用。当今市场如“战场”，企业经营的内外环境充满着不确定因素，竞争非常激烈，这本书告诉我们能干事、肯干事、干成事的思路和方法。如果我们能从实际出发，坚持和灵活应用书中论述的理念、工具和方法，企业就能赢得市场竞争中的优势！

我国企业经历改革开放 30 多年的发展，取得了巨大成就。进入新世纪，我国已跨入全面建成小康社会的新阶段，企业深化改革开放也进入了重要的攻坚时期。以科学发展为主题，以加快转变经济发展方式为主线，是关系我国发展全局的战略抉择，这对企业改革发展提出来新的更高要求。企业要适应变革调整的大趋势，审时度势，实施与市场经济相对应的发展战略、经营理念和管理模式。更加注重用科学发展理念引领、支撑企业转型升级，使其在提交企业绩效、激活创新活力和培养高素质人才等方面发挥更加行之有效的作用，并在培育品牌。提升诚信商誉、履行社会责任、塑造良好企业形象等方面产生更大的效应。为此，可以借鉴本书中阐述的方法和原理，以社会主义核心价值体系引领企业文化建设，构建并践行有特色的企业经营哲学体系，凝聚企业经营者和员工的智慧和力量，为企业持续发展，为实现我国经济平稳较快发展、全面建成小康社会，为实现美好的“中国梦”做出我们新的更大贡献。

九、十届全国政协委员

国家“十一五”、“十二五”规划专家委员会委员

中国企业联合会原执行副会长

陳蘭通

序二

如果你想提升企业的整体业绩，就读这本书

事实上，企业家们往往不分昼夜苦思冥想一个问题：如何才能持续提升企业业绩呢？因为企业其他关键问题都围绕该核心问题接踵而来：企业的劳动生产率如何提升？企业的成本如何降低？如何做到销售最大化、费用最小化？我们办企业的目的是什么？我们将要办成什么样的企业？如何提升员工的凝聚力？企业做大了后用什么样的方法才能永葆创业激情？如何发挥当今新时代青年的聪明才智？如何为员工创造物质和精神两方面的幸福？企业如何才能得到社会的尊重？这些问题让我们有时候废寝忘食、辗转反侧、穷思竭虑……

我曾经看过不少国内外出版的企业管理方面的书，很多都是单方面讨论销售业绩如何提升、销售成本如何降低、单店业绩如何提升，但从未找到企业整体经营业绩如何提升的书。今天，我在日本游学期间的同学何鹏程先生找我帮他即将出版的著作——《强企：世界领先企业提升业绩的秘诀》写序时，发现我多年来一直感到困惑的业绩提升问题在本书中得到了答案。

本书从一个独特的角度——企业经营哲学的视角，首次针对中国企业业绩管理现状入手，详细剖析了目前中国企业管理尤其企业经营业绩及员

工工作业绩管理中普遍存在的盲点和困境，并将它提升到了一定的高度。

管理理论高度——作者将西方成熟、先进的管理科学理念工具与东方经典哲学理论相结合，古为今用，中西合璧，提出目前中国企业界最适用的系统、科学和有效的管理系统集成工具。尤其是在企业界首次将企业文化提升到企业经营哲学的高度，突破瓶颈、跳出传统文化范畴。通过企业核心价值观体系（经营哲学）的落地，唤醒员工们的良知，增强员工的积极性、责任心、爱国爱企业的主人翁精神，将大幅提高劳动生产率，从而提高企业经济效益。

实战方法高度——作者在融汇东西方，嫁接新旧上做了多次实践后提炼出来的浓缩经营管理工具。剖析了中国企业经历的管理历程，分别提供了业绩提升的道、术、法三个递进层面的实战操作系统方法，最核心的是从“经营人心”出发、到过程管理的标准化——标杆化，再到成果管控的经营战略、经营计划、经营费用、绩效考核有机结合；对企业管理提供了一套非常简单、实用、系统的管理方法。

本书从独特的企业业绩提升的角度，为企业高层管理人员、各级部门主管和操作人员，提供了即学即用、可资借鉴的经验、工具和方法。本书具有理论联系实际、博采众长和创新的特点，既具有理论的创新性，又具有操作的实用性。本书内容既非空洞的理论说教，也非没有边际的夸夸其谈，而是紧密结合中国企业管理尤其是经营业绩管理的现状，提出具有针对性地提升技巧和解决方案。

何鹏程先生在学习和工作中勤于思考和钻研，敢于面对挑战，大胆尝试和创新。身体力行地倡导以事实为依据、以解决问题为基础、以发展为导向，以提升业绩为结果的工作理念，拥有极其丰富的现代企业管理实战经验。欣闻何鹏程先生的著作《强企：世界领先企业提升业绩的秘诀》即将出版，我们真心替他高兴。本书作为他20多年企业管理工作的心血和结晶问世，不但是个人成果，也是中国企业界的一大幸事。本书在直面目前中国企业界企业经营种种怪象背后的根源之余，直指我国目前企业业绩管理体系的种种痼疾，提出企业经营哲学是提升业绩管理体系实施效率的“良方”。

本书无论对国营、民营、外资企业的业绩提升都具有重要的参考价值！如果企业管理者能有效运用本书中的管理思想和工具，他的企业一定能持续提升经营业绩！真心希望企业界的各位同仁能从本书中得到启迪和收获，我有充足的理由相信大家在阅读该书后一定会感到开卷有益、“不虚此读”。

如果你想提升企业的整体业绩，就读这本书！

广州立白企业集团有限公司总裁

2013 年 4 月 12 日

前言

纵观当前全球经济增速放缓，欧债金融危机加剧，中国经济增长减速，物价不断的上涨的同时导致企业经营成本增加，员工流失、企业盈利能力下降，企业的寿命不断缩短，特别是中小企业一旦遇到金融危机就会有大批企业倒闭，不少企业家因债务问题跑路！在日益剧烈竞争的市场环境里，“急功近利、成王败寇”的思维，世风日下的“金钱观”，催生无数罪恶，发人深省。这正如著名诗人纪伯伦的一句诗：“我们已经走的太远，以至于我们忘记了为什么而出发。”

在当今整个社会都浮躁的年代，人们都应该好好反省：我们为什么活着？应怎样活着？怎样才幸福？是否为了追逐钱财而无其他目标？我们为谁工作？工作又是为了谁？应该怎样工作？怎样才能功成名就？企业家们更应该深深反省：我们办企业的目的是什么？要办成什么样的企业？企业是否可以为了利润而不择手段？为什么企业的员工没有归属感、忠诚感而疯狂“跳槽”？员工如何才能心甘情愿的工作？如何解决企业发展与员工发展的关系？如何解决企业与员工的利益问题？企业制度执行如何才不出现“打折扣、搞变通、做选择”？如何使产品质量、管理效率超越同行业而成为“领袖”？如何保持经营利润在两位数以上增长？如何使企业健康持续发展？我们要在哪些领域增强实力才能与历史悠久的跨国公司同台竞技？我们如何在面临许多的内外压力时在困境中寻找出路？如何完成与国际市场接轨……

我们如何解决以上问题？业绩如何才能提升？从全球范围来看，卓越的企业大都拥有高效而独特的企业管理体系，美国的IBM、Microsoft、日本松下、京都陶瓷、韩国三星乃至于我国的海尔、联想和华为等无不为最好的佐证。如何将中国文化与国外东、西方的企业管理标准相融合，建立适合中国本土企业的管理经营模式，对中国企业来说至关重要。我先后在合资企业、民营企业、欧美企业工作多年，近年来专注业绩管理体系的设计与实施、现场改善的管理咨询工作。根据多年的工作经验将西方现代管理理论与实践充分结合，对管理学理论知识及海外名企历练等进行多次"回炉重铸"。建立起以事实为依据、以解决问题为基础、以发展为导向、以提升业绩为结果的自己独特的业绩提升管理经营理论和方法。同时相信世界上没有一个放之四海而皆准的业绩管理体系，只有适合的企业业绩管理体系。就如同世界上没有放之所有人都能合适穿的鞋子一样。

我通过多年来在不同企业实施管理经历和管理咨询项目经验，自信触摸到企业业绩提升的"秘诀"和"法宝"，总结为《强企：世界领先企业提升业绩的秘诀》一书，分享给中国企业界的同仁们，期望以绵薄之力为中国企业的发展和振兴做出自己的贡献。

本书主要以如何提升业绩为最终目的，分为三部分：

上篇为业绩提升之道，分别从如何让人们心甘情愿的工作、如何让员工永远追随、如何让人相信、如何从信念到信仰的角度出发，解决人们愿不愿的问题。只要我们心甘情愿时，什么事情都好办，任何问题都不是问题，任何困难都不是困难！我认为这才是业绩提升之道！

（一）理论方面：分别从现代企业落寞真相探析，企业渴望世代繁荣、基业常青迫切心情，"心法"不解决、一切制度都没用，中国传统文化中的那些菁华吸引并造就世界企业经营界的精英等内容出发，让企业家和管理者清晰知道提升业绩法门和关键本质问题。

（二）实战方面：倡导企业构建并践行特色鲜明的企业经营哲学体系，

凝聚企业经营者和员工的智慧与力量，为企业自身求发展，为员工谋幸福，推动企业又快又好发展，为建设企业文化提供牢固的精神纽带，为提升企业的竞争力提供强大的精神动力。分别从什么是企业经营哲学、企业经营哲学的结构、企业需要哲学的理由、企业经营哲学逻辑框架、构建企业经营哲学的三个阶段清晰地告诉企业经营哲学构建的方法。

中篇为业绩提升之术，上篇解决了人们心甘情愿的问题，中篇着重解决如何干的问题，怎样干、怎样次次把事情做对、做对的同时怎样才能发现自己的短板、怎样才知道自己与行业领袖的差距、怎样才能赶上超越行业领袖的角度出发，向企业家和管理者们提供清晰的思路与方法。我认为只有过程正确，才能保障结果。

（一）理论方面：分别从没有结果的过程都是“垃圾”、好制度 100% 执行，将业绩推向行业巅峰、提升企业经营业绩的“利器”——企业标准化、标杆管理、问题解决等理论出发，清晰地告诉企业家和管理者过程控制的重要性及思路！认为只有过程正确，才能保障结果，这是业绩提升之术！

（二）实战方面：分别具体的介绍了制度 100% 执行的工具 CQC 方法、企业标准化建立的方法、企业标杆建立的方法、问题解决 QCC 方法，清晰地告诉企业家和管理者过程控制的具体有效的方法。

下篇为业绩提升之法，上篇解决了人们的心甘情愿的方法、中篇又解决了过程管理控制的方法，下篇要解决的是工作结果问题，如何将公司的发展战略与个人的职业发展联系起来？如何将企业发展战略和经营计划落地？如何设定业绩目标？如何评价工作结果？如何解决工作结果中的差距？如何解决目标达成和未达成的问题？如何才能提升业绩目标的方法。

（一）理论方面：分别从提升业绩的最佳途径、我国企业业绩管理的发展历程回顾、企业业绩管理体系实施中的常见问题剖析出发，清晰地告诉企业家和管理者成果管控是业绩提升之法！

（二）实战方面：倡导企业构建以“经营战略、经营计划、经营预算、绩效管理四大主体方面的领先级业绩管理体系，分别介绍了领先业绩管理体系的思路、企业构建领先级绩效管理的重要性、导入的具体方法等。清晰地告诉企业家和管理者成果管理的具体方法，认为成果管控才是业绩提升之法。

最后以企业业绩提升案例向企业家和经营管理者们介绍业绩提升的具体操作过程以及导入体系前后的成果对比。

本书的主要读者对象是：

- 企业家和企业中高层经营管理人员
- 大学教授、EMBA\ MBA、企业管理硕士、管理研修班学员
- 企业经营哲学、企业标准化、业绩管理等领域的研究者

我衷心希望本书不仅作为自身20多年工作、学习心血的结晶出版，而且更重要的是希望对所有发展中的中国企业及管理者们有所启迪和帮助，使其充分营造后发优势，赢得未来残酷的市场竞争。热切期待理论界、管理咨询界和企业界朋友同我就相关专题进行深入探讨、斧正。由于本人经验学识浅薄、时间仓促，有很多不足之处，诚请读者批评指正！

谢谢！

何鹏程

2013年3月20日

目录

中篇：

建立过程管控体系——业绩提升之术

下篇：
建立领先的业绩管理体系——业绩提升之法

上篇
建立企业经营哲学——业绩提升之道

知识经济时代，社会变化日新月异。如何使企业顺利而又健康地持续发展，让企业实现基业长青，是一个紧迫而艰难的命题。当前我国企业的平均寿命令人堪忧。据统计，中国中小企业的平均寿命仅2.5年，集团企业的平均寿命仅7至8年，而与欧美企业平均寿命40年相差甚远。中国企业数量众多，生命周期短，重复着“一年发家，二年发财，三年倒闭”之路，真正能做大做强的企业寥寥无几。究其根源在于中国多数企业的管理决策层在创业成功后，不能审时度势、顺应变化，不能有效塑造企业的核心竞争力，不能掌握企业经营业绩提升之道、术及法，导致企业发展缓慢、停滞甚至濒临死亡。

吉姆·柯林斯的在名著《基业长青》中指出：“利润是生存的必要条件，而且是达成更重要目的的手段，但对很多高瞻远瞩的公司而言，利润不是目的，就像人体需要的氧气、食物、水和血液一样，这些东西不是生命的目的。但是，没有它们，就没有生命。而利润之上的更高追求在伟大的公司里，更是作为像‘教派般的文化’那样被灌输，这里指的是卓越公司必须具有很强的共同价值观。”纵观世界500强企业的管理演变过程，卓越企业的创始人往往使其公司始终遵循一套有效的核心价值观，日本的稻盛和夫正是这方面的典范。这也正是我们目前与其他知名“长寿”企业的差距所在，也是我国企业需要认真研究、学习并付诸实践的。

如同社会主义核心价值体系是“兴国之魂”一样，企业经营哲学堪称“兴企之魂”。企业经营哲学决定企业发展方向和命运，目前国内不少优秀企业家已经意识到并正在探索关注企业经营之道、术及法，比如国内有影响力的华为、阿里巴巴、立白集团、水星家纺等企业的高管团队都在研究经营哲学，帮助提高经营业绩。无论从企业自身健康持续发展、解决“心法”问题的角度，还是从企业社会责任或者我国社会主义文化建设的角度出发，企业经营哲学的构建都势在必行、时不我待。用社会主义核心价值体系引领企业文化建设，构建并践行特色鲜明的企业经营哲学体系，凝聚企业经营者和员工的智慧与力量，为企业自身求发展，为员工谋幸福，是提升企业业绩的根本之“道”，能够推动企业又快又好发展，促进各行各业健康发展，最终实现“坚持科学发展，建设美丽中国”的宏伟目标。

第一章 现代企业落寞现象探析

一、现代企业的落寞现状

新中国成立之初的30年（1949—1979），中国企业自力更生，基本与世界隔绝；从改革开放至今的30多年里（1979—至今），“中国制造”在世界上崛起，创造了经济奇迹。而我们的未来呢？目前这种“狂飙突进”式经济发展速度，“掠夺”式资源消耗速度，“透支未来”的环境污染速度，“外贸拉动”式的经济发展模式能否持续下去呢？有人总结道：中国经济在追求经济效益最大化的道路上走得太远，付出了整整一代人的代价。深思之下，不无道理。

反观当下中国，除了需要反思目前经济增长模式之外，社会伦理道德底线的丧失现象更令人担忧，引起全社会的重视。从“问题富豪榜”到诸多“毒”食品事件，如牛奶业的“三聚氰胺”、猪肉市场的“瘦肉精”“猪肉变牛肉”、鸡肉市场上的“速成鸡”、酒类市场中的塑化剂、“染色”馒头、“毒”豆芽、“甲醇大白菜”、“地沟油”泛滥等严重得不可思议的食品安全事件频频曝光，再到令人触目惊心的“富士康员工连环跳”事件、佛山“小悦悦”事件，等等。如果这些“毒”食品泛滥、缺乏道德事件只是个别小商小贩所为，那还容易理解，而有些事件居然出自大企业甚至上市公司（比如三鹿奶粉），完全属于系统性的恶劣事件甚至犯罪。在竞争日益剧烈的市场环境里，“急功近利、成王败寇”的思维，世风日下的“金钱观”，催生无数罪恶。虽然目前出现的各种恶性事件的方式不同，但都反映出一个根本的问题：那就是人们生活的意义是什么，是否只为追逐钱财而无其他目标？企业存在的目的和意义是什么，企业家们是否可以为了利润而不择手段？其实种种丑陋现象无不指向一个原因：社会伦理和道德的缺失让我们失去了竞争的意义、生活的目标和实现理想的意义。

具体到企业管理方面，企业的发展理念发生严重错位和混乱。近年来，因为内部管理混乱或权益斗争和内讧，使不少中国企业发展停滞，断送持续发展的大好时机，甚至半路夭折。从以前的德隆、最近的科龙到目前的国美，无一不是因为领导决策层失误或者董事局风波而导致企业备受煎熬、陷入发展困境的。还有不少企业，虽然前期发展一帆风顺，创业成功，但到了守业期和稳定发展的鼎盛阶段，因为某些领导决策层成员没有处理好员工、客户、股东及社会之间的关系，没有正确的企业价值观和经营哲学引导方向，陷入令人痛心的发展困境，令人惋惜。

有人总结：但凡发展良好、基业常青的企业都拥有物质与精神共同构成的有机系统作为基础。而不少企业，虽然表面上短期内创造或者赢得不菲的物质财富，但却因为其企业行为有悖于社会伦理、道德与精神，甚至破坏社会生活的和谐与美好，最终只能发展止步甚至被淘汰。在我国历史上，这种“昙花一现”的企业比比皆是，这就是“创业难，守业更难”的真实写照。

人类确实不能脱离物质世界而存在，但与物质世界相比，精神世界则显得更为丰富、更博大精深。比起物质利益的有限性，精神生活有近乎无限的发展空间，而且不以破坏环境和消耗资源为代价。从物质层面上而言，目前的不少人拥有堪称丰富甚至是“小康”的物质生活。单从生活用具而言，现在的人们已经超过了古代的帝王：通过电视，人们可以享受娱乐及综艺节目，汽车、高铁及飞机等现代交通工具拓展了人们的生活空间和行程……可以说，在物质方面人们的生活已经很富有和充实，继续无止境地追求发展物质利益，已让很多人失去了生活的价值、方向和意义了。庄子说：“鹪鹩巢于深林，不过一枝；鼹鼠饮河，不过满腹。”深刻反思：有人之所以追求无边的财富，并非因为真正的需要，而是因为过度的占有私欲。近年来自然界为何不停地发生毁灭性的自然灾害？古往今来，纵观全世界的名人，不少有成就的人却最终因为动机不纯而走上“断头台”，名落孙山甚至遗臭万年？导致这些问题发生的根源可归结为这些始作俑者的人格和企业价值观出了问题。

为何日本稻盛和夫先生历时50年时间成功创办两家世界500强企业？仅一年时间将濒临二次倒闭的世界500强企业——日本航空成功扭亏为盈？为何中国改革开放30年成就了华为、联想、海尔等成长为世界级企业？他们为何取得巨大成功？为何近期媒体报道的中国90%以上的干部犯罪的主要原因都是与金钱或情人有关？答案归于一个——人格和价值观，以及建立在其人格和价值观之上的人生哲学。

二、人类良知未来走向何方——风靡全球的《公正课》的启示

静观近30年全球经历的自然灾害，海啸、地震、台风、洪水、非典……每一场灾难过后往往都会引发一场物价上涨、价格欺诈现象。例如食醋、食盐、口罩价格一夜之间由一元飙升至几十、上百元，大蒜、绿豆、猪肉、鸡蛋等因无良囤积导致价格飙升，房地产市场出现种种丑陋现象。这些事件的根源都是人的欲望无限膨胀！给人类生活、国家及全社会发展带来重大不利影响！在目前我们这个稍显浮躁、日益物质化的时代，人们的行为选择似乎总在人性和物质之间摇摆不定。而我们的社会、人类的思潮、价值观，正陷入尴尬的两难选择当中。

Michael J. Sandel，美国哈佛大学政府系讲座教授，政治哲学博士，美国哲学家，他主讲的《公正课》是哈佛历史上最受学生喜爱的课程之一。

该课程引导人们对社会上基本的公平、正义、民主和公民权进行深刻思考，对长期以来的社会观念提出挑战。在哈佛大学，每周都有1000多名学生去听这门课程，渴望获得对政治和道德哲学的理解，并从中检验信仰问题。笔者在深入研究《公正课》相关内容之后，针对目前我国社会出现的一些令人费解的现象，有些观点可以帮助找到思路和答案，这里期望分享出来以引导企业界人士的深思，引导企业管理决策层对企业管理的痼疾根源的深思。

《公正课》认为：探索和追求正义，不同的人心存不同观点和态度，人们永远在互相说服的过程中，只是在人类历史上追求正义的历程太过残酷，人们现在和未来永远在探索的路上，因为生活永远不可能让人们一劳永逸。无数事实证明：人们就一些社会道德争议事件进行讨论的时候，没有人能保持中立的态度。人们有不同观点，无法避免讨论中有争执和冲突，有人不安，有人怀疑，有人陷入沉思，但只要在争论的过程中一直有沟通和交流，只有沟通和交流才让人们欣赏不同人生带来的不同品质，才能有尊重。人们也才能一直保持理性思考，有所收获，一直跋涉在追求正义的大道上。

康德说过一句发人深省的话：怀疑论是人类理性暂时休憩的场所，是理性自省，以求将来作出正确决定的地方，但绝非理性的永久居留所，因为简单的默许怀疑论，永远无法平息内心渴望理想思考的不安。因此康德坚持一个观点，无论何时都不能停止理性思考，无论何时都不能放弃理性思考。

如今我们生活的这个世界上，到底还有多少人在坚持思考？其实，现实社会中太多人以生活艰难为由加入到“随大流”的人群中，选择甘心或妥协于现实，放弃思考，放弃追求和理想。大家视“理想”如同“天方夜谭的笑话”，把“坚持”视作“固执”，“惰性”和“放弃思考”视作“识时务”，这也许是现实的力量使然。也许就是太多的人屈从、折服于所谓的现实。正因为当前社会中不少人已失去追求“公正感”的思考和动力，才会出现诸如“小悦悦事件”、“三聚氰胺”等令人痛心和唏嘘不已的事件。试想一下，长此以往下去，世界将会变成怎样！

良好品德的培养，只能通过实践获得；美好制度的建立，只能通过参与达到；美好的社会，是政治实践的产物。人性中的冷漠有“污染源”，是受如今物流金钱社会病菌的感染。20 世纪五六十年代，我国社会上那种“学雷锋做好事”的精神已经蔚然成风，社会提倡“毫不利己、专门利人”的精神，人性道德成为社会的风尚，“利他”和“忘我”成了社会的主流。因此人们不禁要问：为什么时代进步了、社会发展了，正义的人性人道观念反而在常人的思维中减弱淡漠了呢？

因此，人们开始关注公正和道德因素。为什么公正是道德中最主要，最不可或缺的部分？从长远来看，如果所有人都秉持公正、尊重权利，社会发展会一片和谐。但如果有侵犯少数人的个人权利，而让多数人们生活更好的情况，人们该如何选择呢？这就是公正与功利主义的冲突，即“功利最大化”的问题。

有人做过一项调查，他们在美国选择了 146 所院校。在这些院校里，只有 3% 的学生出身贫寒，有超过 70% 的学生出身富足。心理学家认为，出生顺序对于职业道德、奋斗、努力有非常重要的影响力。根据“罗尔斯的原则”，所谓公平必须要兼顾到最底层人民的利益，那么如今的我们社会这点做的到底怎么样？

美国哈佛大学教授罗尔斯认为，人们没有必要去追求一种水平上的公平，你只要允许甚至鼓励那些有天赋的，去实现他们的才能，并改变条件让其他的人也能够享受到有才能的人成功的果实。这就是“差异原则”的真正含义。人们也许会从他们的好运中获利，从他们在基因博彩中的胜出中获利，但条件是必须将自己所得部分用于帮助那些最贫困的人。因此迈克尔·乔丹和比尔·盖茨可以继续赚大钱，但必须在一个特定的制度下，税收会将他们的部分收入拨来帮助那些与他们刚好相反的、缺乏天分的人。从道德角度而言，他们也不能认为自己理所当然该拥有这么多钱。“那些先天受到自然眷顾的人，只有在改善了那些失利者的状况的基础上，才可以从他们的好运中获得利益。”

在哲学家的研究中，对道德曾经有两种不同但有重要影响力的观点：绝对主义和功利主义。

绝对主义的推理认为：不论后果如何，道德有其绝对的道德原则，有明确的职责和明确的权利。康德是历史上最重要的一位道德绝对主义的哲学家。康德反对功利主义，在他看来，作为个体，所有人都有一定的尊严，必须尊重个体。个人有能力自由地选择和行动，还有痛苦和快乐、受苦和满足的能力。理性让人们变得不同而得以区别，高于其他动物的存在。在康德看来，自由是本能的对立。正是这种自由行动能力，赋予人类独有的尊严。尊重人类的尊严，意味着不仅仅要将人视为实现目的的手段，而且要将人本身也视为目的，这就解释了，为了某些人的幸福，而利用其他人是错误的。这就是功利主义是错误的真正原因。近代功利主义者约翰·密尔也曾说，长远看来，人们只要坚持正义，并尊重个人尊严，就可以实现人类幸福的最大化。

18 世纪英国的一位政治哲学家边沁提出功利主义哲学，是结果主义中最有影响力的道德理论。其基本思想看起来非常简单：不论个人或政治，道德的最高原则就是为了将大众福利、集体的幸福最大化，或在快乐和痛苦之间找到平衡点——效用最大化。边沁的功利主义提倡为最多数人谋取最大利益。边沁认为：一个好的社会制度，即使不能照顾到每个人，也应该能给大多数人带来福利和快乐。在效用论基础上，边泌认为：正义是建立在效益上的主要的、无可比拟、最神圣的、所有道德的约束力。约翰·密尔写下《功利主义》，清楚表明：效用是道德的唯一标准。密尔说："牺牲他人自由和利益带来的快乐，是一种低层次的快乐，只带来短暂的好处。而从为大众谋长远福利来看，我们应该追求高层次的快乐，这种快乐应该充分尊重每个人自由选择的权利，也要建立在当事方同意的基础上。"

关于正义还有一个有力的理论：自由主义理论，该理论认为每个人都很重要，个人是值得尊重、有各自生活的独立个体，不是谋求社会最大利益或达到效用最大化的工具。其基本想法是每个人都有权自由选择，过自己想要的生活，当然同时尊重其他人的权利。

桑德尔认为，人们好的品行源于好的动机，不论其结果如何。做一件事只是因为自己认为是正确的，而不是因为这件事能带来利益、快乐、方便，这就是动机的价值。在倾向性动机与责任感动机之间，后者显然具有崇高的意义。我们拥有某种天赋，不表示我们值得拥有它和它所能带来的好处。我们应该学会"分享彼此的命运"。换句话说，就是人人发挥自己的长处，并把收获与他人分享，回馈给全社会。如此一来，整个社会就是积极向前不断提高的了。比如，比尔·盖茨没有去挥霍他的巨额钱财，而是带头做起了慈善事业，这就是他选择一种与他人分享命运的方式。

而关于公正感的追求和道德反思的意义在于人们在所作的判断和所认同的原则之间找到一个平衡点。道德反思并不是一种一成不变的追求，而是一种公共的努力。它需要一个对话者——一个朋友、一个邻居、一个同志或一个公民同胞。当我们与自己争论时，这个对话者可以是想象的而非真实的。然而，我们不可能仅仅通过内省而得出正义的意义以及最佳的生活方式。要想抓住正义的含义以及良善生活的本质，我们就必须超越偏见和日常生活的惯例。如果道德反思是一种对话——如果它需要在我们于具体情境中所作出的判断，和那些表征这些判断的原则之间左右权衡的话——它就需要各种观点和信念作为基础和有用的东西，而无论它们多么片面和无知，都会对探索和追求公正的过程产生价值和意义。这是人们构建个人哲学过程中必然经历的探索、冲突和决策。而为什么人性价值观会在一些人的思维中迟到呢？关键还是主流、正确的传统人性观念没有在人们头脑中根深蒂固。如果人们接受那种“金钱至上、私人利益至上”等思想的侵蚀，就会形成一种误导或扭曲。因此我们都应该引以为戒，要反省自己，要迅速用正确的个人价值体系和“真善美”的人性价值观净化自己，让自己成为具备正确人性价值观的人。只有人性价值观在社会形成主流道德氛围，这个世界才变得文明而又多彩，人们的精神世界才变得充实和斑斓。因为大到社会发展、自然环境保护、世界和平，小到我们个人追求和探索人生价值都需要正确的人性价值观的弘扬和发展。

在困难时期，一个良好的社会使人们凝聚在一起。人们相互关照，而不是撷取个人最大利益。如果一个社会中的人们在灾难来临、紧急关头仍然只考虑自己的话，那么这个社会就不那么美好。然而，由谁来判断什么是善，什么是恶呢？难道多元社会中的人们不是对这些事物存在分歧吗？更多人认为，社会应该引导公民树立正确的价值观或个人哲学，在人们心目中构建正确的核心价值体系，才能让社会的主流人群感受到公平和美好。

三、中国现代企业员工频繁“流失”的背后

《2012 年中国大学生就业报告》（就业蓝皮书）调查表明：2011 届的 608.2 万大学毕业生中，有 70 万人“学非所用”，有近 57 万人处于失业状态。调查报告还显示，65% 大学生的第一份工作，持续时间不到一年。其中，不到半年就走的，占 37.98%；25.58% 的只工作了一两年，仅 9.3% 的大学生能干两年以上。业内人士表示，“90 后”员工常玩“闪辞”，第

一次工作持续时间短、频繁跳槽的现象屡见不鲜。

信息时代给企业带来的最大挑战就是人才竞争。电影《天下无贼》有句经典台词，“21世纪什么最贵？——人才。”全球人才市场化的结果是人才供求信息变得更加实时化和透明化，尤其是人才市场上的稀缺人才，比如拥有高端核心技术的稀缺人才或者拥有高领导力的高级管理人才群体正变得越来越强势。

中国有句俗语：“树挪死，人挪活。”预示着人才需要流动才能不断成长进步。而美国宾州大学华顿商学院教授也曾说：“不要把人才当一个水库，应该当成一条河流来管理；不要期待它不流动，而应该设法管理它的流速和流向。”这两种说法不谋而合说明一个问题，科学合理的人才流动有好处，而如果不对人才流动的流速和流向进行控制和管理，盲目的人才流失是有坏处的。

“问渠哪得清如许，为有源头活水来。”企业人才保持一定的流动性是有利的，但流动性太强，对于企业和员工来说都不是好事。信息技术给人们的生活带来便利，对职场的空前影响也不例外。各种形式的网络招聘为求职者们提供便利的求职渠道、丰富的工作机会以及招聘洽谈会等多变的求职方式，求职者在面对这么多便利的选择机会时，无形之中就减弱了对企业的依赖，与此相反，企业对人才的依赖越来越强。综合起来，可以把企业员工“疯狂跳槽”给企业带来的伤害归纳为三类：

1.“心如刀割”型——高层管理人员流失

企业高层管理人员的离职可能会给企业带来企业名誉受损、泄露商业机密等问题。比尔·盖茨曾说过：“如果拿走微软最重要的20人，微软将不成其为微软。”可见，在企业家眼中，像高层管理者等核心员工占据举足轻重的地位。因为在企业发展中，知识与技术的作用越来越重要，而掌握着先进技术和管理知识的核心员工的地位也越来越重要，企业对核心员工的依赖性也越来越强。试想当年伊利集团发展过程中，牛根生从伊利出走创建蒙牛，后来蒙牛成为伊利的最大竞争对手；而技术出身的李一男从华为出走创建港湾网络，后被华为费尽周折以收购落幕，无不让原东家企业蒙受巨大损失。

2. “揪心之痛”型——中层骨干人才队伍流失

随着21世纪经济全球化的到来，企业的产品和服务，尤其是高科技产品市场高度饱和和更新换代的加速，市场竞争日渐激烈。中层骨干在越来越激烈的竞争中的重要作用凸显出来，由此引发的竞争企业对骨干人才的“争夺战”也愈加激烈。在这些中层骨干人才的需求中，经济性薪酬和回报不再是他们关注的焦点，职业生涯发展前景和成就感才是他们的最关注的主导需要。只有优秀的技术人才队伍才能确保企业的技术优势，一旦核心技术人才流失，将会造成前期的培养工作“无疾而终”，不仅难以保证产品技术优势，技术开发停滞，更严重的是易导致关键技术流失、商业机密泄漏、知识产权无法得到保护，由此为企业持续发展带来严重危机。例如，原创维集团总经理陆华强曾经带领150多名创维骨干员工，集体“跳槽”到同为彩电行业的高路华集团，使创维一度“元气大伤”，深陷困境。

3. “难言之苦”型——普通员工过于频繁的“跳槽”

近年来，居高不下的企业员工流失率一直困扰我国多数企业，尤其是一些民营制造企业的发展。对制造型企业而言，基层员工是产品和利润的直接创造者，他们却时常带给企业管理层困惑：车间领导班子不好带，员工不好管，听话的不能干，能干的不听话。2008年金融危机，“珠三角”、“长三角”大部分地区出现了“劳务工荒”、“用工荒”，就是业界最典型的现象。

在当今整个社会都浮躁的年代，企业员工疯狂“跳槽”的今天，企业家们应该好好地反省：当员工选择“跳槽”时，作为老板的自己是否有一种失落感？当中高层骨干选择离职时，自己是否如丢失了心头肉一般？面对企业人才大量流失，自己是否研究过人才流失的动机？采取过什么措施吗？为什么企业没有让员工有强烈的归属感、忠诚感？

日本企业的员工忠诚度在全球有目共睹，在日本企业界十分常见的现象是：不少员工终生只服务一个企业，如果企业面临危机或倒闭，员工会痛不欲生，有的甚至会自发地从家里拿出钱来帮助企业渡过难关。对于多数企业员工而言，企业是全家的依靠，企业兴则家富，企业衰则家贫，真正体现出了“以公司为家”的价值观。

反观目前的中国企业界，“跳槽”似乎成为一种流行现象，有不少员工似乎热衷“跳槽”。在我国一线城市，有些员工一个月换三四个工作很正常，还自我吹嘘“资历丰富”。个中缘由，有时候连他们自己都是盲目的，有一部分人的心态属于“这山望着那山高”、“人往高处走，水往低处流”，而绝大部分人频繁盲目的跳槽原因来源于整个社会拜金主义、浮躁气氛，因为面对很多选择，自己都不知道自己的目标，对选来选去的企业不是太满意，更不用提归属感和幸福感了。

当然，从另一个角度来看，如果企业为员工提供足够好的福利和发展空间，谁还会愿意频繁地承担“跳槽”风险呢？实际上，疯狂“跳槽”的人中，有不少是由于他们在目前的职场无法满足自己最大的需求，再加上缺乏对企业的归属感、安全感而采取的无奈之举。尤其是现在职场上饱受诟病的“80后”、“90后”员工辞职，因为父辈的努力奋斗为他们大都提供较好的物质生活，他们对谋生压力和工作责任感反而不如父辈们，价值观也有重大改变。这些年轻员工有时候跳槽的原因仅仅是“觉得工作不好玩”，当物质生活足够丰富的时候，他们认为光有钱远远不够，他们更看重企业为其提供的福利和发展平台等无形待遇。如果人心过于浮躁，不能稳定发展，更不能专注在某个领域积累成长。这种盲目跳槽现象势必造成一种恶性循环——加大企业、员工的成本，对企业及员工双方的发展都不利。

知识经济时代，社会变化日新月异，不少企业管理层不能审时度势，顺应变化，把人才流失的原因简单归结于人才的忠诚度越来越低，觉得是人才单方面出了问题，而未从根本上探索自身企业出现此类危机的原因。俗话说“良禽择木而栖”，企业应该转变人才观，坚持“以人为本”，尊重人、关心人，真正树立贯彻“人才资源是第一资源”的理念，为员工营造一个有归属感的“家”的工作氛围。只有营造出这种“幸福的家”的氛围，塑造出企业的核心竞争力，不仅现有员工忠诚于企业，发挥自己的最大潜能，而且还会吸引外界优秀人才源源不断加盟。这样，企业才能从根本上走出人才流失、匮乏的困境，始终位于“人才高地”，使企业自身持续健康稳定发展得到人才的根本上的保证。

幸运的是，目前国内不少优秀的企业家、经济管理权威学者都将关注的目光聚焦于稻盛和夫的企业经营哲学。比如国内有影响力的华为、阿里巴巴等企业的高管团队都在研究稻盛哲学，都希望能找到稻盛和夫先生一生成功经营2家世界500强企业的秘诀，帮助自身所在的企业提高经营业绩。

第二章　企业发展期待：世代繁荣、基业常青

一、企业“家”的渴望

中国有句俗话：“金窝银窝不如自己的狗窝。”大意是人们借宿在他处，无论如何金碧辉煌，也远比不上住在自己简陋的家里自在安心。自己的家里有温暖、自由、安全、轻松的气氛，即使只是一般的公寓平房，但空间及生活需求足够、摆设温馨舒适、家庭成员彼此关爱，住在这种“窝”确实要比住在不属于自己的金碧辉煌的豪宅，整日冷冷清清、生活空虚、担惊受怕的来得好。

中国人都会在除夕前辗转几百公里甚至上千公里赶回老家，因为家在那里，自己身心的根在那里。无论身处何境，家始终是人们内心深处的牵挂，熟悉的村落、门前的小路、饭菜的香气、方言的韵味，离开越久越让人难忘。

总之，家是温柔的港湾！累了，回家歇歇！饿了，回家吃饭！受伤了，回家养伤！挨骂了，回家撒气……但是越来越多的人意识到：只有家庭和睦，“后院”安宁，才有可能专心，才有可能成就一番伟业。

企业也一样。许多企业文化标榜自己的员工“爱厂如家”，让员工认为企业就跟自己家里一样有安全感。很多企业精神是让企业成为员工“心灵的家园”，但现实是残酷的，一遇到经济危机，企业经营遇到困难，多数企业都按照惯例采取降薪、裁员等方式渡过难关。记得2000年前后，联

想一工程师目睹自己身边朝夕相处的同事一个个进入人力资源管理办公室后拿着一纸裁员通知默默离开，在网上发文“联想不是我的家”，引起企业界深思。日本四大“经营之圣”之一——稻盛和夫，不仅曾经成功创建两家世界500强企业，且在古稀之年，受日本政府邀请出山，仅一年时间，力挽狂澜，将负债累累的日本航空扭亏为盈，而且是在日本经济整体低迷的时期。如果追溯稻盛先生的成功秘诀，不能忽视一条：“敬天爱人”，具体在对待员工方面，稻盛先生在经营企业过程中始终会向他的下属承诺：无论企业遇到多大困难，永不裁员。当然稻盛先生还有很多企业经营哲学包括作为企业家、哲学家双重身份，有很多值得我们学习和体味的企业经营哲理。

家和万事兴！一个兴旺的家庭背后，一定有一个称职的“家长”与和睦的家庭成员。团结、和睦、宽宏、大度、睿智是家庭成员之间和睦相处必需的元素。同理，企业经营也一样，企业要像大家庭一样和谐兴旺，需要企业家用智慧去经营，而不能完全靠家长式的权威来掌控。

二、企业“家”渴望荣辱与共

企业员工究竟为“谁”而工作？企业家为什么办企业？这两个问题看似简单，实则发人深省。企业家如能正确认识和回答这两个问题，不仅可以在企业中树立正确的企业价值观和企业文化，还能积极引导企业顺利实现其发展战略，能始终保持企业按照既定的正确发展目标和轨道持续发展，不因为外界环境的改变而偏离和放弃最先坚持的正确道路——即为了员工的幸福生活和快乐工作而谋福利。

有一个耳熟能详的故事：一个心理学家到一座正在兴建的教堂去做调研，工人们正在砸石头，他挨个询问三个工人同样的问题：“您为谁而工作?”工人甲怨气冲天地回答：“你没看到我正在用重得要命的铁锤砸硬得要死的石头，我是为工作而工作。”工人乙无可奈何地回答：“我一家老小的温饱靠我解决，我为工资而工作啊。”工人丙的回答心平气和：“这座教堂对我们生活的城市很重要，我在参与兴建一座宏伟的教堂，我很骄傲，我为了体现自己的人生价值而工作。”面对同样问题，三个工人有截然不同的看法，不同看法必然会导致不同的工作感受，也必然会产生三种迥然不同的结果。

那么前两位工人为什么容易产生工作倦怠，产生不良的工作绩效呢？为什么说单纯为工作，或者单纯为报酬而工作的人容易疲倦、怠工呢？因为单纯为工作而工作，看不到自己的能力，缺乏动力和信心，容易与成功失之交臂；单纯为金钱回报而工作的人，会一直盘算着干多少工作拿多少报酬，斤斤计较，只想应付工作对得起自己的工资就行，无法体会到工作带来的成就感，更看不到艰苦工作能磨炼意志，挑战性的工作能拓展自己的才能，与同事的合作能提升自己的人格魅力。其实相对后者，工资等充其量只能算“芝麻”。

精明的企业家往往科学合理地引导员工选择最佳答案——工作能提供实现自我、提升自我的机会，而引导员工摒弃前述两种片面的观点。员工通过在企业工作，实现自我价值的同时也让自己变得充实，实现自我学习的目标。员工可以在工作平台上展示他们学得的知识、积累的经验，从而增长自身技能，培养和锻炼终生受益的本领，最终达到全面充实自己，提升自己的目的。企业提供的这个平台，还能为员工提供具有足够品位的工作乐趣，让员工充分享受工作带来的荣誉，体味人生的价值和意义的同时，赢得他人的认可，收获社会的尊重。稻盛和夫正是这么一位睿智的企业家典范。

人们常说：“商场如战场。”即对手企业之间的竞争如同战场上的战斗一样残酷，你死我活地为市场占有率争斗。每一次踏上战场，军人都有可能再也回不来。在生死考验面前，金钱的激励作用对军队而言会降低效力甚至失效。古往今来，凡善于带兵打仗的军事将领，都高度重视对官兵的精神激励。在企业经营中，人们每天辛苦工作，究竟为了谁？员工为什么为你而工作？工作又能得到什么？如何才能工作出色？只有企业决策层和所有员工认真弄清楚这些问题的答案，并且就这些问题达成共识，这样才能上下齐心，才会使员工认真工作，同时也得到所想要的。

激励员工的积极性，是管理者责无旁贷的职责。一个人的理想如果是崇高的，他的源动力就比较强。再加上坚定的信念，他就能保持饱满的精神状态和高昂的斗志。因为有理想作为目标，再苦再累都心甘情愿，粉身碎骨、献出自己的生命都在所不惜。这恰恰是成功企业的员工身上普遍存在的共识。

三、员工渴望自身不同需求得到满足，获得职业满足感、幸福感

著名心理学家马斯洛提出需要层次理论，把需求分成生理需求、安全需求、社交需求、尊重需求和自我实现需求五类，按照金字塔形由较低层次到较高层次分布，如图 2－1 所示。

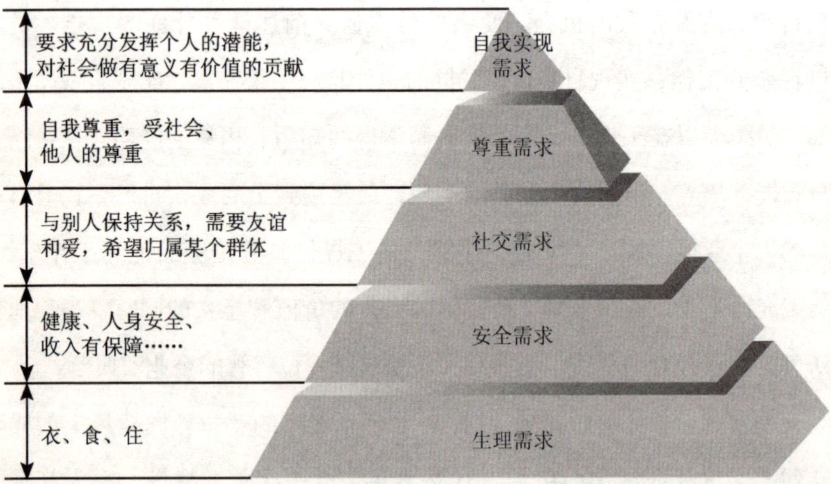

图 2－1　马斯洛需要层次理论一览图

马斯洛需要层次理论有两个基本观点：①人是有需要的动物。需要取决于人们已经得到什么和还缺少什么，尚未满足的需要才能够影响行为。②人的需要有轻重层次，某一层需要得到满足之后，另一层需要才出现。在特定时刻，最主要的需要占据影响行为的主导地位。马斯洛需要层次理论认为：人们的行为是被激励起来去满足一项或多项重要的需求。而激励的过程是动态的、逐步的、有因果关系的。因此，需求的满足是企业员工快乐生活的首要因素。

快乐工作是幸福的源泉。西方文化中将“幸福”解释为“精神的安宁”，其内涵是一个人的幸福是一个相对持续的、回归宁静的状态。有人觉得上述解释或许过于学术化、理想化，简单定义为：幸福就是快乐地生活着。

20 世纪 20 年代，著名的心理学“霍桑实验”说明：人们除了金钱，还需要情感。尤其在沟通层面，人们的意愿能够得到充分表达成为人们快乐的理由。相反，当意愿得不到充分表达时，即便有富足的物质生活，也不会感到真正的快乐。如果说意愿是后天的需要，那么人格就是人们先天具备的要素，每个人都有自己的人格及存在价值，每个人都希望其人格受到尊重，才会感到快乐。另外，体现自我价值是一个人最高层次的需要。当人生价值得到充分体现时，这个人注定是快乐的。而且这种快乐超越低层次的诸如物质、情感等需要，将人们的幸福指数推向巅峰。

美国哈佛大学有相关研究表明：企业员工的职业幸福感每增加 5%，客户满意度相应增加 11.9%，企业组织效益也会相应提升 2.5%。由此可见，提高了员工心理愉悦程度会明显提升企业的工作效率。换而言之，员工在充分体验职业幸福感后，会从内心油然产生对企业的认同感，从而带着愉快的心情，感觉工作是一种快乐，积极投入到日常工作中。

企业应该重视员工的职业满足感、幸福感的塑造，尽可能提供一切资源来帮助他们获得幸福感，为他们营造快乐工作的环境。一个真正受尊敬的企业应该将员工视为资源，而不仅仅是成本，只有这样，员工才能为企业贡献更大的力量。

四、如何成就“受尊敬企业”

著名《财富》杂志每年除了出台“世界500强排行榜”以外，也会评出《最佳雇主排行榜》100强。2012年排名第三的SAS公司（2011年排名第一），曾占据最佳雇主排行榜长达14年。SAS以全年仅2.22%的主动离职率成为“员工流失率最低的公司”。SAS所提供的福利十分丰厚：监测疾病的医疗保健、每月高达140美元的托儿费用、为孩子提供的暑期营、洗车服务和美容院等。一位经理人说：“人们选择在SAS工作是因为他们很快乐。人们不离开公司是因为他们在SAS受到重视和关心。”

现代管理大师彼得·德鲁克说过：“企业只有一种真正的资源——人。”和谐的工作环境和氛围，能让员工感到快乐，从而提升员工的幸福指数，直接影响员工的工作效率，关系到企业的持续发展，是衡量现代企业管理成功的重要因素。很显然，SAS公司深谙其道，从而获得公司与员工双赢的局面。

不少人认为，企业存在的唯一价值就是以赢利为目标。现在越来越多的人提出：企业除了有赢利的目标以外，也要重视自身的企业社会责任。还有智者提出：现代企业发展中出现的种种“丑闻”的根源是因为很多企业家走得太远，却忘记自己为什么而出发，忘记企业是人组成的，企业的一切是为了人的幸福，企业发展是为了提升人类的幸福。有专家提出：员工为幸福而工作，企业为员工而存在。因此，企业存在的目的，从广义而言，是为了给全人类带来幸福；从狭义上讲，是为了给员工带来幸福。不管是股东、管理者还是员工，尽管分工、职位不同，人们的终极目的都是为了幸福，所以幸福最大化应该是企业的终极目的，这便是“幸福企业”经营的内涵。如果企业经营只让股东、管理者很幸福，但普通员工不幸福，企业也得不到持久发展。

有学者总结企业经营哲学的精髓——“受尊敬企业”有五项指标，分别为：快乐工作是企业的基础，共同富裕、共同发展是企业的核心，受人尊敬是企业的关键，健康长寿是企业的保障。这五项指标是相辅相成的关系，因此用5个相互紧扣的齿轮来表达尊敬企业的含义，如图2－2所示。

图2－2　“受尊敬企业”五要素一览图

概括起来，受尊敬企业的基础是透明、公平、从善的企业原则。我国多家企业的发展经历同样对上述提法进行验证。比如，格力电器公司副董事长、总裁董明珠说：“如果我们的企业还在翻老皇历，拿外国人的品牌生产一些东西，赚那么一点钱，企业更多的利润来源是苛刻我们的工人，以低待遇、低工资实现企业利润最大化，而不是通过技术创新，这个企业将是不长久的。员工有幸福感，企业才能幸福。”而华为总裁任正非曾在“以后怎样持续成功”讲话中如是说：“企业持续成功是面向未来的命题，我们还是要回到做企业的出发点，即怎么让员工觉得幸福没有远离，怎么让企业幸福成为我们共同的追求，给社会带来价值，进而影响社会，乃至影响整个文明。”远东控股集团有限公司党委书记、董事局主席蒋锡培也有相同见解：“让更多的人幸福，让远东能够成为备受员工热爱的企业，成为备受社会尊敬的企业。”用友软件公司董事长兼总裁王文京认为：“一个企业要真正成为一家受尊敬的企业，其实还是在为员工、合作伙伴、客户乃至整个社会创造一个幸福的主体，从某种意义上讲，企业为社会创造的幸福感越大，社会反馈给企业及其成员的幸福感也就越大。”可以看到，在尊敬企业的价值观里：为员工创造幸福是企业的第一追求，为客户创造价值是企业的生存基础，为股东创造回报是商业的基本动力，为社会创造福祉是企业的伟大使命。

如果想成功经营一家受尊敬企业，企业家必然制定谋求基业长青和企业持续健康发展的战略规划，并且根据企业经营的现状及未来发展趋势，及时调整和满足员工、客户、股东以及社会四个方面之间权益的博弈关系，来达到最佳平衡点。不至于因为忽视某一点的需求，导致整个企业经营和发展道路上发生不和谐的现象，影响企业发展目标的实现。

很多企业表面上喊着“尊重人才、以人为本”的口号，背地里企业管理仍为老板的“一言堂”。不少劳动密集型企业里出现奇怪现象：一方面企业管理层感叹员工忠诚度低、员工流动率高；另一方面，员工指责企业管理苛刻，不懂分享，自己的劳动付出与回报不成比例。我国企业亟待吸收传统商业伦理中的精华，结合当下国情，重构诚信、透明、公平、平衡、健康、自律及绿色的商业文明环境。一家企业如果掌握让员工幸福的

"金钥匙"，意味着该企业"抢占先机"，已经比同行业的其他竞争对手在意识和企业发展规划上拥有更多的源动力，进而奠定企业步入良性发展轨道的基石。

纵观世界500强企业的管理演变历程，那些能够持续成长的公司，虽然为了适应变化的外部世界，积极调整其经营战略和管理实践活动，但其核心价值观都始终保持稳定不变。卓越企业的创始人往往能提炼并使其公司始终遵循一套有效的核心价值观——企业经营哲学，日本的稻盛和夫正是这方面的典范。这正是目前我们与其他基业常青知名企业的极大差距所在，也是我国企业需要认真研究、学习并付诸实践的。

五、企业世代繁荣、基业常青的秘诀——企业价值观

如何让企业实现基业长青，使企业顺利而健康地持续发展是一个很紧迫且很艰难的命题。人之所以为"人"，在于其与生俱来的价值判断力，伟大企业之所以能基业长青，同样在于其无与伦比的价值判断力。人的"价值判断力"可简称为"个人哲学"或"价值观"；而企业的价值判断力，也有人简称为企业的价值观，其实就是"企业经营哲学"，企业经营哲学是企业家经营企业的出发点，是企业行动哲学，也是企业的终极追求。很多企业，历尽艰辛成为竞争中的强者，然而却未能继续它们的辉煌，根源在于它们失去了企业经营哲学引领正确的发展方向和目标。比如，2008年的金融危机中，一些国外著名企业诸如雷曼兄弟、美林、AIG等都走下"神坛"，很大原因在于其发展后期，管理层失去了正确的方向和目标，失去正确的经营哲学引导，从而因迷失了发展方向而消失。

受尊敬企业大多都有创新性的核心目标：不断满足员工持续增长的幸福需求。幸福是个人的追求目标，而企业发展的核心目标要关注员工的幸福，这样企业与员工个人的目标一致，如果加上正确的企业经营哲学引

导，合理的管理架构作为约束，这样企业上下同心协力、众志成城的效应就能够创造奇迹。

继《基业长青》和《从优秀到卓越》之后，吉姆·柯林斯撰写了《强者的没落》，分析这些强者公司衰落的原因。他将衰落比喻为疾病：早期很难察觉却很容易治愈；在晚期很容易察觉却很难治愈。他还归纳了强者衰落的五部曲，如图2-3所示。

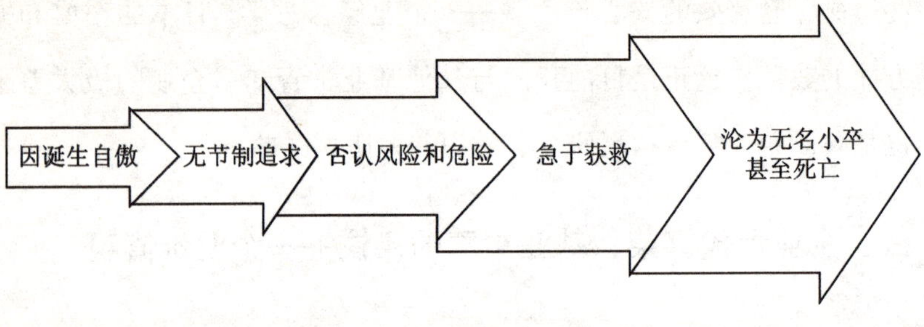

图2-3 企业“强者衰落”五部曲一览图

(1) 骄傲自大，以成功而诞生自傲。因为过往的成功，人们变得傲慢，将成功视为自己的权利，忽视最初创造成功的根本因素。

(2) 追求多，无节制。第一阶段的骄傲自大会导致第二阶段的衰落，无节制地追求更多——更大规模、更高增长、更多喝彩、更多被当权者视为“成功”的东西。

(3) 否认经营风险和危险。决策层容易忽视消极数据，片面强调积极数据，对模棱两可的数据给出正面倾向，“暂时的”、“周期性的”、“并没有那么糟糕”等，领导者们习惯推卸责任而责怪外部因素等。

(4) “急于获救，慌不择路。”当领导者经营中发现问题时，本能和恐惧会带来效果完全相反的应激反应，常见有些领导富于感召力却不切实际、大胆采用未经验证的战略、进行激进的变革、奢望产品一鸣惊人、频繁改变游戏规则的并购或其他华而不实、不计后果的解决之术。

（5）沦为无名小卒甚至死亡。累积的障碍和代价对财力和个人精神的严重侵蚀到了使领导者放弃所有建立伟大未来的希望的地步。部分领导者选择出售公司，还有部分组织会萎缩到微不足道，甚至彻底消失在人们的视野中。

企业的衰落原因，正是著名诗人纪伯伦的诗“我们已经走得太远，以至于忘记了为什么而出发”的真实写照。企业在发展过程中忽略或者丧失最初让企业成功的重要因素，比如联想创始人柳传志的“一眼看到底”的坚持力，抑或华为任正非总结的“总结我们为什么成功，以后怎样持续成功”等，优秀企业之所以基业常青，是因为它们坚持了当初正确的发展宗旨。

当然，如同“凤凰涅槃，浴火重生”，有些企业，如施乐、惠普、IBM、迪士尼、波音等都至少经历过一次巨大衰落，然后复兴、辉煌。这样的企业往往比没有类似经历的企业更加强大，更加具有基业长青的素质。这些企业在经受巨大衰落之后，重生的基础是始终没有丧失重铸辉煌的信念，没有丧失曾经铸就其成功的核心价值观和企业经营哲学。

产品会过时，市场会变化，新技术会不断涌现，管理时尚也在瞬息万变，而优秀企业的价值观不会变。企业价值观是指企业决策者对企业性质、目标、经营方式的取向所作出的选择，是员工所接受的共同观念，是企业员工所共同持有的、支持员工精神的主要价值观。企业价值观是把所有员工联系在一起的纽带，是企业生存发展的内在动力，是企业行为规范制度的基础。企业价值观为企业的生存与发展确立了精神支柱。企业价值观是企业领导者与员工据以判断事物的标准，一经确立并成为全体成员的共识，就会产生长期的稳定性，甚至成为几代人共同信奉的信念，对企业具有持久的精神支撑力。当个体价值观与企业价值观一致时，员工就会把工作视为为自己的理想奋斗。企业的发展总会遭遇逆境和坎坷，如果能使其价值观为全体员工接受，那么企业就具备克服困难的强大精神支柱。

中国企业必须建立起可以持续经营，并能够自我更新和调整的企业管理机制和企业文化，坚持企业的核心价值观，构建正确的企业经营哲学，长存忧患意识，才能顺利实现基业长青。

第三章　“心法”不解决，一切制度都没用

一、激励“与时俱进”

从管理学角度看，激励是企业管理的核心。因为企业管理的目标是充分利用所拥有的资源，高效率地实现企业发展目标，而激励的目标就是调动员工的积极性，激发员工的主动性和创造性。美国哈佛大学詹姆斯教授曾经就人力资本激励问题作过深入研究，结果表明：没有激励，一个人的能力发挥只不过 20% ～30%；如果施以激励，一个人的能力则可发挥到 80% ～90%。由此可见，激励前后的幅度差距达 60%。

基于管理学家马斯洛的需要层次理论，西方管理学界曾提出三种员工激励办法：

1. 物质刺激：干好了发“红包”

多数企业管理中常见的激励方法是通过提高物质待遇来调动员工积极性。但实践证明：激励员工，不给钱不行，光给钱不够。管理大师德鲁克曾说过：“我们无法用金钱买到责任感。金钱上的奖赏和诱因当然很重要，但大半只会带来反效果。对奖金不满会变成负面的工作诱因，削弱员工对绩效的责任感。”这可从“安然事件”中得到验证。为了鼓励高管层努力工作，获得好的经营业绩，安然公司董事会曾制定了重奖政策。没想到一些高管觉得依靠正当努力很难实现董事会规定的经营目标，可又不想失去重奖，于是便做假账，伪造经营业绩，最终整个公司破产。这说明：如果企业仅仅

采取强刺激的物质手段，缺乏强有力的监控手段，企业经营容易出问题。

2. 情感笼络或称感情投资

人类富有情感，尤其是中国人多提倡“士为知己者死”、“为朋友两肋插刀”等……企业管理者讲究情义，以情感人，关爱员工，确实在一定程度上可以起到调动员工积极性的效果。而事实上情感笼络并非总是灵验的。从需要层次理论本身可看出：如果某一层次的需要得到了满足，人们容易去索取更高层次的需求。另外，管理者与员工关系过于密切容易带来负面影响：下属一旦出现失误，处理起来就会心存顾虑，担心“情感投资”前功尽弃。加之管理人员受多种因素影响，很难做到对所有员工达到绝对的“一碗水端平”，容易使员工产生亲疏之别，以致有时激励个别员工，得罪一大批员工。所以，管理者应该对员工讲情义，但不宜以情感作为主要或者唯一激励手段。

3. 兴趣诱导

管理者利用员工的最高需求——自我实现，靠增加工作的挑战性激发员工的兴趣，也能达到调动积极性的目的。现在不少高科技企业提出“为员工发展提供充分的空间”，“你有多大的本事，我就给你搭多大的舞台”的口号，都是从这个角度出发的。但这也并非万能，并非所有工作都有挑战性，都能激起员工的兴趣。而且员工的兴趣会随时间和环境不断变化。特别是现在的“80后”、“90后”年轻人，受社会时尚影响很大，兴趣经常发生转移。能够对本职工作产生浓厚兴趣，一直全身心投入的为数不多。有些人缺乏追求和目标，兴趣诱导的激励效果会十分有限。

上述三类激励方法都各自有其局限，所以近年来，西方管理学界开始关注调动积极性的其他精神因素，如价值观、生活意义和信仰等。同时也开始将信仰与管理直接挂钩。如果说人的其他各种需要可算是产生行为动机的“普通燃料”，那么信仰则明显属于“核燃料”。

二、信仰是“核燃料”

《基业长青》中提及基业常青企业有一种“教派般的文化”，就是教育员工树立精神信仰，教育员工对待自己的工作，对待企业的宗旨，就跟教徒对待教义一样虔诚、有信仰，从根本上调动积极性。为什么信仰能够调动人的积极性呢？因为信仰是人的一种本质需求。人和动物的根本区别就在于人有思想，有精神追求。精神信仰可以将平凡琐碎的工作，与一个远大的目标联系起来，使人们从全新的角度看到平凡工作的意义和价值。这便造就目前东西方管理学发展的一个特色——企业经营哲学或企业文化的呼之欲出。

有些工作职位能充分体现人的价值，比如说研发和营销部门，但还有许多事务性工作或简单操作岗位往往不被看重，比如门卫、流水线操作工、保洁员等，显然很难用实现自我价值来调动在岗人员的积极性，那么该如何做呢？雷锋精神可以很好地解决类似问题：“我们每天的工作很平凡，本身没有多大价值，可这些工作是整个革命事业的一部分，这个事业是有价值的。为了事业，我情愿‘做一颗永不生锈的螺丝钉’。”雷锋精神把个人价值、对伟大事业的崇高信仰联系起来，从信仰中获得力量。这为企业解决平凡岗位上员工工作动力提供可贵的参考思路。

如果所有员工都真正认同企业的发展宗旨和方向，并甘愿为此努力奋斗，做“一颗永不生锈的螺丝钉”，这家企业的发展前途可想而知是会蒸蒸日上。而这正是海尔张瑞敏提出：“什么叫不简单，把简单的事情做好就叫不简单；什么叫不容易，把容易的事情做100遍就是不容易。”实际上，国内多数优秀企业也有类似做法。如联想的核心理念：“把员工的个人追求融入到企业的长远发展之中”；海尔的提法“个人生涯计划与海尔事业规划的统一”；“企业由个人组成，没有个人能力和积极性的发挥，组织就不会有活力，组织的宗旨和目标就无法实现”。

不强调共同价值，组织就无法存在。因此激励员工必须充分考虑个人的价值追求。那些基于企业家个人利益而缺乏合作、分享精神的企业，不但缺乏吸引力，而且在运营中更缺乏效率。因此，优秀管理者的工作就是明确组织的宗旨，将员工个人的价值与组织的宗旨挂起钩来，引导员工在履行工作职责和组织宗旨的同时，实现个人价值，获得人生理想实现的目的和意义。这就是企业文化建设和企业经营哲学“落地”的终极目标和意义。

三、“心法”不解决，一切制度都没用

面对问题，关键要迅速抓住核心和根本，用思维去处理。大到民族国家、宗教，小到企业经营和个人发展，都是经营“人”这种新思维的结果。经营企业的核心是经营“人”。《佛语禅心》中有：心有一切有，心空一切空；心迷一切迷，心悟一切悟；心邪一切邪，心正一切正；心乱一切乱，心安一切安；一切为心造，无心自解脱。人生在世，若能时时以“心甘情愿”的态度来实现理想，必能有苦时不觉苦，有难时不觉难，一切困境自可迎刃而解，而无事不办，无愿不成。

如同宗教一样，在企业管理中，管理层如果能倡导一种员工信奉的主流文化，要么老板本人成为偶像，比如苹果的乔布斯，微软的比尔·盖茨等，要么在企业、企业文化、产品或员工身上找到一些东西，如精神、境界、梦想、理念、胸怀、财富、地位、健康、精力、产品质量、服务、员工的奉献精神、员工的创造力。在企业经营中、员工中加以大力推行或倡导，这样多数员工的“心”被“降服”，员工工作行为就表现为工作有归属感、忠诚感及满足感。如果能够让顾客“信服”服务和产品、员工“信服”企业管理和企业文化，企业将会取得不可思议的经营成果。

四、如何让人相信

一支军队必须统一思想和拥有共同的价值观，否则就会四分五裂，走向毁灭。因此政党、学校及军队都重视一件事：影响、建立或统一人的价值观。同样的道理，企业经营也要从相信开始。成大业者先相信。成大业者的相信更加坚定。世间最难的事情就是让人相信。宗教就是把相信上升到信念或信任，再把信念直接上升到信仰。企业必须拥有共同的信仰和价值观，这便是我们通常提到的“企业文化”或“企业经营哲学”的核心。如果企业经营没有正确的信仰和价值观，多半会走向没落。

1. 从思维入手，不断体验，以行悟道，建立新的思维体系

“人”的终极问题就是思维问题，即价值观，如果统一了所有员工的价值观，大家都会“心甘情愿”地奉献自己！一个有精神追求的人做事不需要证明，不需要回报，也不需要解释，动力自内而外地流淌。

有研究观点提出：成功的企业家要跟高层实现精神共同体，跟中层实现荣誉共同体 & 事业共同体，跟基层实现利益共同体。具体含义如图3－1所示。

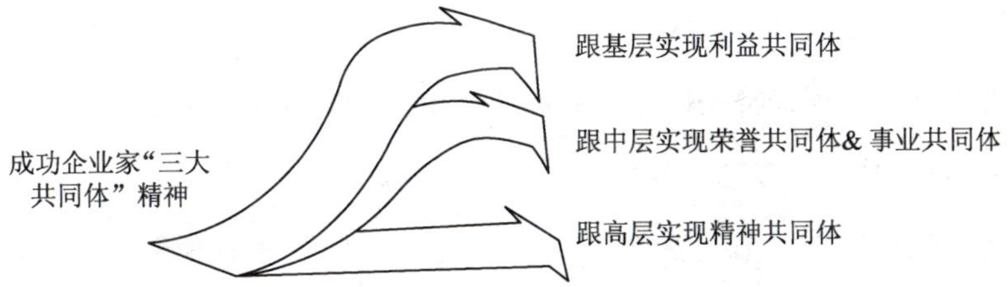

图3－1　成功企业家“三大共同体”精神一览图

（1）利益共同体。满足绝大多数员工核心的物质需求，让多数人体面工作和生活，让一部分人先富起来，和员工形成利益共同体，员工就会感

受到被认同、被尊重，物质就会转化为精神的力量。

（2）荣誉共同体 & 事业共同体。和企业有进取心的员工，特别是中高层管理者谈同事、谈事业、谈晋升、谈发展，关注他们的人生、成长和未来，让他们看到自己在企业的发展中的未来、希望和结果，感受人生的价值和意义，他们就会把自己托付给企业，形成事业共同体或荣誉共同体。

（3）精神共同体。和有进取心的员工，尤其是核心高层谈精神、谈理念、谈信仰、谈神圣、谈使命、谈责任，形成精神共同体，把个人的自我实现和企业的命运结合起来，感受人生的价值和意义、感受到精神的愉悦，员工就会全力以赴，以身相许。

如果“心法”不解决，一切制度、流程都不能发挥作用，现代企业要顺利健康发展必须找到解决“心法”的利器——企业文化建设。企业文化是凝聚人气并使企业克服下滑惯性的动力。没有优良的企业文化，公司将成一盘散沙，在激烈市场竞争中逐渐丧失生存活力！

五、企业文化建设是当今知识经济时代企业管理的主旋律

推进适合中国企业顺利发展的中国特色企业文化建设势在必行，这既是我国企业持续发展的需要；又是我国建设社会主义文化强国的需要，更是时代发展、全球经济一体化企业伦理及企业社会责任的需要。

1. 企业持续、稳定、健康发展需要重视企业文化建设

鉴于长久以来，企业发展中存在一些“痼疾”无法驱除，上述“心法”难以解决，从解决企业发展中的难题的角度出发，分析企业文化建设对现代企业发展的必要性具体体现在以下几个方面：

（1）通过企业文化建设，可帮助管理层完成系统思考，实现持续发展的战略“落地”，规避自己从明星企业变为“流星企业”的命运；在组织变革与流程再造过程中，员工往往感到迷惘、迟疑而不愿跟进，导致变革

成效不佳。通过企业文化建设，驱动组织变革，并减少变革成本。

（2）高层成员之间因为价值观不统一，目标追求各异，容易“同床异梦”，缺乏共享文化及共同的事业平台，高层的“打工心态”让企业高层容易分割为不同的政治利益群体，难以形成组织的核心竞争力量。通过企业文化建设：可使高层之间从利益共同体上升到事业共同体，继而上升到精神共同体，形成核心高层合力，同心协力，提高组织决策效力。

（3）企业家与中、基层之间缺乏文化传递系统，存在沟通障碍，并难以达成共识，常常表现为执行力不足，通过企业文化建设，可建立高层与中基层之间的共通语言系统，减少沟通障碍。

（4）企业精神往往停留在口号与时髦的词汇上，没有“落地”，导致企业文化理念与行为严重背离、文化虚脱，KPI 指标是员工行为导向，但企业没有建立反映文化诉求的 KPI 指标体系，心理契约的天然缺乏导致企业的制度成本高，企业行为与员工行为没有自律机制，通过完善企业文化建设，可真正将文化理念融入 KPI 指标之中，形成心理契约和员工自律机制。

（5）在人才留用机制方面，关键是感情留人、事业留人，待遇不是唯一的留人因素。多数企业内部人际关系复杂，文化心态失常，在企业里单一的利益驱动、片面的业绩导向，造成即使企业待遇很好，但仍然留不住优秀人才。通过完善企业文化建设，可有效提高员工满意度、忠诚度。

（6）企业文化源于企业家精神与追求，企业能做多大，取决于企业家的抱负与追求。企业家自身的完善与转型是一个痛苦过程。通过企业文化建设，企业家完成自身角色转换与行为转型，确立企业以事实为基础的管理和以价值观为基础的领导，可以决定企业的命运。

（7）对我国目前企业而言，计划经济体制时代所形成的文化对企业的影响最大，所造成的障碍也最大。中国企业的计划经济烙印影响深远，中国传统文化对企业的有利影响和不利约束，可通过企业文化建设，强化中国优秀传统文化对企业的积极影响，弱化计划经济体制对人的观念和行为方式的影响。

（8）对于成功的企业而言，成功不等于成长，最大的挑战是企业如何进行文化继承与创新。成功企业的思维惯性与行为惯性对企业的约束，文化继承与创新的矛盾始终存在，而通过企业文化建设，对企业积淀的优秀文化进行提炼、继承和创新，走出成功后的“陷阱”，迈向基业常青的旅途。

（9）企业家普遍感到员工执行力不足，精细化管理落实不到细节。执行力需要执行型文化。细节管理需要良好的习惯，注意细节是一种习惯。可通过企业文化建设，创建执行型文化，培养员工重视细节、将小事做细、做到位的良好习惯。

2. 企业伦理及企业社会责任要求企业文化的建设和完善

企业管理的最高境界是文化管理。但不同的企业文化会将不同的企业带向不同际遇。2001 年 11 月，美国安然公司承认做假账，正式向法院申请破产，成为美国历史上最大的破产企业。2002 年，安达信倒闭、世通公司财务丑闻等一系列恶劣事件震撼美国及全球。在我国曾屡次创造利润神话，一度号称“中国第一蓝筹股”的 ST 银广夏因伪造经营业绩、虚报财务报表而受到中国证监会的处罚。由此可见，企业伦理已成为全球企业界共同面临的问题。

最近我国企业界不断爆出丑闻，从“苏丹红”、“瘦肉精”到“毒牛奶”、“毒鸡蛋”，日益严峻的企业社会责任及企业伦理问题被媒体不断曝光并迅速在公众之间传播。

企业社会责任主要将伦理标准应用到商业政策和行为中，目的是建立经济与正义、公平、人道主义相一致的商业秩序，从而实现经济效益与社会效益的有机结合。具体内容包括：产品质量安全、营销伦理、财务伦理、环境保护和劳动关系伦理等，最终让人们明白恪守商德的人比不讲商德的人会更加成功，面对道德困境时做出正确判断。

调查显示：90%的世界前500强企业制定了伦理守则，30%～40%的企业对员工进行伦理强化培训。约有60%的大企业设立伦理机构，负责有关企业社会责任事务，对员工进行多种形式的伦理培训，在20世纪90年代中期，“财富”杂志排名前500家的企业中，90%以上已有成文的伦理守则来规范员工的行为，在对1000家企业的调查中，有1/3的企业设有公司伦理主管官员，而且成立了专门的伦理管理人员协会，该组织的宗旨是“推进伦理商业实践”，服务于企业战略。企业伦理及企业社会责任呼唤企业文化沿着正确的方向和和谐的标准建设。

稻盛和夫及其“盛和塾”的塾生们的经营实践表明：企业经营哲学引领企业文化管理的方向。稻盛和夫说过：“经营企业、开展事业，需要杰出的才干和领导能力，需要激烈的斗争心和强大的意志力”；“企业需要这样的本能心，但是，仅靠这些会犯错误，甚至给予组织极大的危害。所以用好自己的才能，驾驭好斗争心，就必须磨炼自己的心性”。所以企业经营需要有方向正确的企业文化，而这需要正确适当的企业经营哲学来保证。

3. 我国建设社会主义文化强国需要企业构建优秀企业文化

世界上任何国家建设都需要“两条腿走路”，一是物质硬实力，一是文化软实力。一个国家如果物质硬实力不行，可能一打就败；而如果文化软实力不行，则可能不打自败。苏联解体就是不打自败的例证。苏联的解体不是因为物质硬实力不行，在当时的世界上，其军事实力、经济规模、工业基础、科技基础、基础设施等都算是比较先进的，而其国家解体、四分五裂的后果是由于其文化软实力大厦的坍塌、意识形态防线崩溃、主流价值观被扭曲或失落导致的。

新中国成立以来，特别是改革开放30多年来，我国经济增速长期高于世界经济增速，经济规模不断增大，经济实力显著增强，国际影响力明显提高。特别是在当前国际经济环境下，欧洲债务危机恶化，美国失业问题继续拖延看不到好转的迹象，我国2012年前三个季度国民经济继续保持了平稳较快的发展速度，成为维护世界经济发展的重要稳定力量。但是，无论从国际形势看，还是从国内发展看，相对经济发展的速度和规模，文化繁荣程度不够，整体文化实力与我国经济实力及国际影响力不相适应。

文化是民族的血脉，是人民的精神家园。全面建成小康社会，实现中华民族伟大复兴，必须推动社会主义文化大发展大繁荣，兴起社会主义文化建设新高潮，提高国家文化软实力，发挥文化引领风尚、教育人民、服务社会、推动发展的作用。由于文化建设的不足影响理想信念、思想道德、诚信建设，见利忘义、诚信缺失、好逸恶劳、炫富傍富、贪污腐败、权钱交易、权色交易、道德沦丧、不知廉耻等道德失衡现象时有发生，封建迷信、黄赌毒等社会丑恶现象沉渣泛起。近年来，一些匪夷所思的恶性案件频繁发生。这不仅破坏了市场经济公平交易的原则，扰乱市场秩序，影响经济发展，还造成严重的不良后果和恶劣影响，严重损害消费者利益、群众健康，增加社会纠纷，激化社会矛盾等。因此，迫切要求通过文化发展，提高公民的文化水平和道德素养，更进一步提高全民族思想道德素质和科学文化素质，促进人的全面发展，发挥文化对经济发展的积极作用。

企业是构成国家和社会的基本单位，企业建设健康、和谐、上进的企业文化是我国社会主义文化建设的重要内容。要坚持依法治国和以德治国相结合，加强社会公德、职业道德、家庭美德、个人品德教育，弘扬中华传统美德，弘扬时代新风。推进公民道德建设工程，弘扬真善美、贬斥假恶丑，引导人们自觉履行法定义务、社会责任、家庭责任，营造劳动光荣、创造伟大的社会氛围，培育知荣辱、讲正气、作奉献、促和谐的良好风尚。可想而知：在当今社会上，如果企业界能自觉构建和完善健康的企业文化，那么我国社会主义文化建设事业的成功必将水到渠成。

在我国文化建设的进程中，加强社会主义核心价值体系建设任务是重中之重。深入开展社会主义核心价值体系学习教育，用社会主义核心价值体系引领社会思潮、凝聚社会共识。推进马克思主义中国化时代化大众化，坚持不懈用中国特色社会主义理论体系武装全党、教育人民，深入实施马克思主义理论研究和建设工程，建设哲学社会科学创新体系，推动中国特色社会主义理论体系教材进课堂进头脑。广泛开展理想信念教育，把广大人民团结凝聚在中国特色社会主义伟大旗帜之下。大力弘扬民族精神和时代精神，深入开展爱国主义、集体主义、社会主义教育，丰富人民精神世界，增强人民精神力量。倡导富强、民主、文明、和谐，倡导自由、平等、公正、法治，倡导爱国、敬业、诚信、友善，积极培育社会主义核心价值观。牢牢掌握意识形态工作领导权和主导权，坚持正确导向，提高引导能力，壮大主流思想舆论。社会主义核心价值体系是兴国之魂，决定着中国特色社会主义发展方向。

社会主义核心价值体系是兴国之魂，也是引领企业发展之魂。它是社会的方向盘、国家的稳定器、民族的导航仪。没有代表先进文化的核心价值体系积极引领，没有人民精神世界极大的丰富，没有全民族精神力量充分发挥，一个国家、一个民族、一个政党不可能屹立于世界民族之林。同样道理，没有社会主义核心价值体系的引领，企业发展的正确方向就没有保证；没有社会主义核心价值体系的武装，企业就没有发展的精神动力；没有社会主义核心价值体系的支撑，企业就没有发展的魂魄。要把社会主义核心价值观体系要求融入企业改革发展的全过程，贯穿企业生产经营和管理服务的各领域，体现企业思想政治工作和企业文化工作建设的各方面，切实让社会主义核心价值体系转化为企业发展战略企业使命、基本理念和具体举措，转化为企业员工的自觉追求和实际行动，转化为企业奋力开拓新局面的坚定意志和强大动力。

企业是中国特色社会主义的重要支柱，是市场经济的主体和社会责任的重要承载者之一，是党执政的重要基础，是国之根基、国之命脉、国之脊梁。企业不仅承担着创造财富的经济责任、增进民生福祉的责任，而且还承担着发展社会主义先进文化的先行责任。企业兴则国兴，企业强则国强，企业在全面建成小康社会过程中发挥更加重要的顶梁作用。推进社会主义核心价值观建设，提炼具有企业特点的核心价值理念，形成符合社会主义核心价值观要求，符合时代特点的企业经营哲学（包括而不仅限于企业精神、企业核心价值观、企业使命、企业宗旨、企业愿景、企业理念等内容）。它既要体现社会主义核心价值体系特征和中华文化的传统精华，又要符合市场经济的本质要求、我国企业发展规律和时代特点。构建经营哲学，使企业员工形成团结统一、勤劳勇敢、自强不息等为核心的员工价值观，弘扬以爱国主义为核心的民族精神和以改革创新为核心的时代精神，为建设企业文化提供牢固的精神纽带，为提升企业的竞争力提供强大的精神动力。

为全面落实科学发展观，构建和谐社会、增强企业员工的社会责任意识，强化企业员工社会公德、职业道德意识，我们必须努力建设高素质、高成长型的企业，提高诚信度、美誉度和抗风险能力，塑造良好的企业代形象。以社会主义核心价值观体系为导向，把企业文化建设与社会主义核心价值体系建设紧密结合起来，用社会主义核心价值体系引领企业文化建设，构建并践行特色鲜明的企业经营哲学体系，凝聚企业经营者和员工的智慧与力量，为企业自身求发展，为员工谋幸福，推动企业又快又好又快发展，进而促进企业文化建设发展，实现国家经济繁荣。

总之，无论从企业自身健康持续发展、解决“心法”问题的角度，还是从企业社会责任或者我国社会主义文化建设的角度出发，企业文化建设都势在必行、时不我待。

如同社会主义核心价值体系是“兴国之魂”一样，企业经营哲学也是“兴企之魂”。企业经营哲学决定企业发展方向和命运，成为企业管理和企业文化建设的重要核心任务。稻盛和夫先生在80高龄通过日航重建的成功实践和众多“盛和塾”的企业家学员的管理实践都证明企业经营哲学对企业成功管理和企业发展的重要作用。稻盛和夫将其营造成功传奇的原因总结归纳为其独到的企业经营哲学，稻盛哲学吸取了中国古圣先贤、宗教智慧等优秀的“哲学思想”，并作为人生的行动指针去虔诚实践，最终获得举世瞩目的成就。

在世界管理界存在着一种普遍现象：企业高层管理者几乎人手一本中国的《论语》、《周易》、《孙子兵法》，这不能不引起我们深思。究竟是中国传统文化中的什么内容吸引并造就了世界企业管理界的精英？

第四章　中国传统文化中的菁华吸引并造就世界的精英

一、中国传统文化是人类最悠久最优秀的文化之一

中华优秀传统文化是具有五千年历史的中华民族精神活动的成果和精髓，是人类最悠久最优秀的文化之一。中国传统文化中所包含的讲仁义、倡忠勇、敬孝悌、重民本、守诚信、崇正义、尚合和、求大同等思想，以及“养性、修身、齐家、治国、平天下”的抱负，“先天下之忧而忧、后天下之乐而乐”的情怀，“苟利国家生死以，岂因祸福避趋之”的精神，“为天地立心，为生民立命，为往圣继绝学，为万世开太平”的使命感等，影响了世世代代的中国人，这些思想情操是维系中华民族生生不息、团结统一的文化血脉。

1.《大学》的“内圣外王”之道

《大学》一曰“大人之学”，二曰为政之学。有两种含义：一是指成年之人，要在社会上立足，需要知书明理，通晓人生之道；二是指大凡有成就的人，都具有光辉而伟大的人格，他们修己安人，砺炼内圣外王之道，终成轰轰烈烈的事业。这两种含义具有以一贯之的主题思想，就是修身。所以《大学》主张：“自天子以至于庶人，壹是皆以修身为本。”修身为第一要务。

（1）《大学》之道——内圣外王之道。

《大学》重点阐述个人修养与社会政治的关系，提出了宋儒称作“三

纲领”和“八条目”的理论思想。三纲领和八条目是儒家实现“内圣外王”的根本方法。“内圣”意即“内求于己”，也就是“八条目”所说的“格物、致知、诚意、正心、修身”；“外王”表示“外用于世”，指的是“八条目”中的“齐家、治国、平天下”。孟子说：“穷则独善其身，达则兼善天下”，准确表达了“内圣外王”的精义所在。

（2）“三纲领”——修身的基本原则。

“大学之道在明德，在亲民，在止於至善。”其意义简释如下：①明德——彰显善良，行善避恶。任何人都禀受于天，都有至灵而不污染的本性。“明德”是肯定人类具有灵明的德性，每个人都有责任自觉地加以彰明。人们之所以行善避恶，是其内在向善本性的需求，应该自觉予以肯定和发扬。②亲民——助己助人，日新又新。人们在自己向善的同时，还要帮助其他人去除污染心灵的东西，使其同样能够达到与自己同样心灵纯洁的境界。“亲”者“新”也，使自己无时无刻都行进在追求真、善、美的道路上，只有不断向善、日新其德，才可以永远做个新人。③至善——身心和谐，物我统一。至善即合理，指人们的心灵获得最大程度的自由，“随心所欲而不逾矩”，达到与自然和事物与社会发展相统一的境界。“明德”和“亲民”的最终方向是“止于至善”，这也是每一个修炼心态的人所追求的最终愿望。

（3）“八条目”——修身的方法步骤。

“八条目”是《大学》中提倡的八大修养方法，八大条目有顺序、互为条件，但都是以“修身”为根本目的。

《大学》论述“八条目”：“古之欲明德於天下者，必先治其国。欲治其国者先齐其家。欲齐其家者先修其身。欲修其身者先正其心。欲正其心者先诚其意。欲诚其意者先致其知。致知在格物。物格而后知至。知至而后意诚。意诚而后心正。心正而后身修。身修而后家齐。家齐而后国治。

国治而后天下平。”其主要意思简述如下:

1）格物——调查研究。要求人们亲历其事，亲操其物，实事求是，增长见识。在读书中求知，在实践中求知，而后发现规律，明辩道理。

2）致知——认清本质。探究事物发展的本来面目和规律性。透过表面现象清晰事物本来的是非、美丑、善恶，而不是人云亦云，浅尝辄止。

3）诚意——意念诚实。发自于内心，不矫饰，不做作，不欺人，不自欺，在“慎独”上下功夫，严格要求自己，修养德性。

4）正心——动机纯正。要除去各种不良的情绪和邪念，不为诱惑所动，保持心灵的安详。心得其正，则公正诚明。

5）修身——提高修养。只有自身的品德端正，无偏见，无陋习，才能为别人所拥护。修身是格物、致知、诚意、正心功夫的落脚点，又是齐家、治国、平天下的出发点。心正而后修身，修身而后家齐。

6）齐家——经营家庭。要经营管理好自己的家庭，只有教育好自己的家庭成员，才能教化他人。一个经常“后院起火”的人哪有能力哪有精力去治理企业和国家呢!

7）治国——以德治国。以至善之德教化人民，使人民除旧布新，日新又新。领导者要使仁、敬、孝、慈、信的仁爱之风充满全国，国治而后天下平。

8）平天下——天下太平。要布仁政于天下，使天下太平。领导者只有实行恕道，“己所不欲，勿施于人”，坦诚至公，以德为本，才能达到天下太平境界。

《大学》的八条目中，“修身”是根本。前四者是“修身”的基础和方法，后三者是“修身”的目的。《大学》作为儒家思想的总纲领，造就了后代儒家对社会的关心和参与精神以及自身道德修养的提高，即“内圣”与“外王”之道。

（4）心安理得的“六大过程”——科学决策与心理修炼的程序

《大学》说：“知止而后有定，定而后能静，静而后能安，安而后能虑，虑而后能得。”其大致含义简单叙述如下：

1）知止——“止”指“归宿”、“立场”。“知止”即对价值观、目标、归宿和自己的原则立场有明确了解。明确原则，理清期许。

2）有定——“定”是定向。站稳立场，坚定不移。

3）能静——“静”是静心。动机纯正，心不妄动。

4）能安——“安”是随处而安稳。身心安详，安心自然，从容有度。

5）能虑——“虑”是思考深刻周密。思虑周到，驱除偏见。

6）能得——“得”指最后得到科学合理的答案合理选择，心安理得。

（5）“慎独”—— 表明在闲居独处、没有别人监督的情况下更要谨慎地反省自我，进行实践性道德修为，因为诚与不诚、欺与不欺，虽发于内心，但必然会表现出来，达到自我修炼的最高境界。

对于儒家的修身学问，梁启超先生有着高度而精确的概括：“儒家哲学，范围广博，概括起来，其功用所在，可以《论语》‘修己安人’一语括之，其学问最高目的，可以《庄子》‘内圣外王’一语括之。做修己的功夫做到极处，就是内圣。做安人的功夫做到极处，就是外王。至于条理次第，以《大学》上说得最简明；所谓‘格物、致知、诚意、正心、修身’，就是修己及内圣的功夫；所谓‘齐家、治国、平天下’，就是安人及外王的功夫。”

综观《大学》一书，寥寥几百个字，却以简练而内涵丰富的语言涵盖了早期儒家人学思想的精神内涵，揭示了儒家理想人格修炼的一般过程。“三纲领”引导人们注重修炼目标，指出了人类向善的方向；“八条目”为人们提供自我修炼的方法和途径。而且“八条目”的内容是一个由内到外、相互关联、不能任意颠倒的统一整体，它以“格物”作为起点，以

“平天下”作为归宿，这对于倡导人们重视自身的修为，在自省、自警、自律、自强的修炼中，重塑道德人格具有重要的指导作用。

2. 孔子的儒家思想

儒家思想由孔子创立，逐步发展为以“仁”为核心的思想体系，是中国影响最大的流派，也是中国古代的主流意识。儒家文化的核心思想：“仁、义、礼、智、信”。

（1）仁：仁爱思想是孔子儒家思想的核心范畴。

仁爱思想是孔子儒家思想的核心范畴，仁爱，爱亲人，爱家庭，爱同事，关爱他人。提示人们生活在一定的环境与氛围中，工作岗位由企业所提供，为人们提供了爱的条件，而企业依赖国家而生存。爱岗位、爱企业、爱国家、热爱我们的环境是我们的根本理念。“孝也者，天下之大本也”，“本立而道生”。人们在被爱的同时，要承担责任和义务。家庭责任的基础是孝：子女有孝敬父母的责任，父亲要尽到慈爱的责任，妻子要尽到贤淑的责任。而企业作为一个大家庭，员工爱岗敬业，尽职尽责；岗位要实现部门的责任；部门要完成企业的责任；企业要尽到社会责任。最终根本责任在于造福社会。`

（2）义：正义，大义，义气。

当今社会，企业经营应该倡导员工舍小利而求团队集体企业大利，以达到个体与团队的双赢。首先要有大局观系统观。孔子有一位弟子颜回，后人誉为贤人。“不迁怒，不二过，三月不违仁。”这句话对我们今天的企业管理尤为重要。当问题发生时，不迁怒于下属、他人或其他部门，应认真总结教训，客观公正找出问题的根本原因，采取积极对策，预防问题的再发生。

（3）礼：通“理”。规划、规范、规律。

为人处事要按客观规律办事，合乎道理，顺乎情理。大的方面国家有法律法规，企业要建立管理体系及制度，小的方面岗位要建立标准作业。孔子的礼治思想要求企业管理要一方面依法办事，依制度办事，讲原则、讲正气；另一方面，要讲人情味、讲人性。

孔子还提出“其身正，不令而行；其身不正，虽令不从。”意思是自己行为正当，不发命令也办得通；自己行为不正当，发命令也没人听从。在现代企业，领导者自身行为端正，积极作出表率，以身作则率先成为企业精神的体现者，也是企业文化塑造的关键。

（4）智：智慧通过学习而产生。

天行健，君子自强不息，企业管理只有通过不断的学习才能拥有智慧，不断细化流程、优化流程，实现成本最小化、质量最优化。齐家治国平天下，天下平的前提是国治，国治的前提是家齐，家齐的前提是身修，修身的前提是正心，正心的前提是诚意，诚意的前提是格物致知。

科学技术日新月异，发展突飞猛进，如何与时俱进是每个企业面临的重要课题。企业要建立完善员工培训与开发体系，构建积极向上的学习氛围以及知识管理体系，形成学习型组织文化氛围。企业的培训与开发工作非常重要，不仅要做好普通工作者的岗位培训，更应该结合企业的实际情况，做好高层领导以及中层干部的培训。学习先进的管理理念，更新观念，培训从管理层开始。干部观念更新才有可能做好基层管理的工作。

（5）信：诚信为本，企业安身立命的基石。

诚信是国家治理和人际交往最基本的信条。“信”泛指诚实和讲信用的品德，是儒家思想中的重要范畴之一。诚实守信，是现代商业活动的道德准则，也是儒家思想的伦理基础。孔子说：“人而无信，不知其可也。大车无輗，小车无軏，其何以行之哉?”其内涵为：人无诚信，就好比车没有车辕前的横木，无法行走。一个没有诚信的人，无法取得别人的信任，或许短期可以蒙混过去，时间长了终究会被人识破而无立足之地。普通人和管理者都是如此。作为管理者，讲信用才能取信于民。孔子说："道千乘之国：敬事而信，节用而爱人，使民以时。"（《论语·学而》）治理一个大的诸侯国，要严肃认真，讲究信用。"上好信，则民莫敢不用情。"（《论语·子路》）。管理者讲究信用，下属才敢说真话。

在孔子诚信思想的指导下，中国多年来形成买卖公平、童叟无欺、货真价实、信誉至上等传统的商业道德规范，一直约束着人们的商品生产和交换。在现代市场经济条件下，一个企业要想在激烈的市场竞争中立足，并不断做大做强，诚信仍然是其第一要义。只有对顾客、员工、合作伙伴等以诚相待，保证质量，讲究信誉，遵守合同，才能赢得信任，取得成功。无数成功企业的价值观都证明了这点。反之，如果坑蒙拐骗，欺上瞒下，弄虚作假，则必然为社会所唾弃，其后果只能是自取灭亡。前面所述的"苏丹红"、"瘦肉精"到"毒牛奶"、"毒鸡蛋"等经营失败的企业就是现实佐证。

"人而无信，不知其可也。"对于现代企业而言，"信"就是信誉。同样，信誉对于任何组织而言都是立业的根本。取信于民，企业就稳定、就能发展；失信于民，企业就难于有立足之地，甚至出现危机。因此企业的信誉和形象就变得比产品和价格更重要。现代经营者提出"用户至上、信誉第一"，就是向客户提供全面满意的服务（包括物质需求和精神需求），这是树立企业形象、提高企业信誉最有效的方式。

总之，作为中国历史上最大学派——儒家学派的创始人孔子的思想，两千多年来一直引导中国社会的发展，成为东方管理学的渊源。我们应吸取精华，摒弃糟粕，并结合时代的特点给予重新的审视和思考，吸收儒家思想的菁华，使之在现代企业文化建设中发挥更加积极的作用。

3. 道家思想

道家思想强调"天下无无用之人"。这与管理学强调的"人人是人才"

的思想完全一致。老子强调“信”及“退让求和”的思想，主张以德报怨。这与管理学强调的协调职能一致。老子强调“美言可以示尊，美行可以加人”，即会说话可以赢得尊重，好的行为可以影响自己身边的人。这要求管理者要以身作则，通过自身好的言行影响整个组织的成员，即身教胜于言教的道理。

4. 墨家思想

墨家的观点具有强烈的社会实践精神，提倡吃苦耐劳，严于律己，将维护公理看作神圣责任。墨家主要思想与管理相关的内容主要有“兼爱”、“尚贤”、“尚同”、“天志”、“非命”、“非乐”、“节用”等。比如，兼爱是完全的博爱，不仅对自己的至亲以诚相待，付出全身心的爱，而且要将这种爱推及到陌生人身上，这才是大爱。墨家还主张“尚同”，意思是上下一心为人民服务。稻盛哲学提倡“敬天爱人”的“爱人”就是强调兼爱，大爱，尚同，爱同事，爱客户，爱全天下的人。墨家主张尚贤，即“唯才是举”，这与现代人力资源管理思想完全吻合，让合适的人才找到合适的位置发展自己的潜力。墨家主张“天志”，告诫人们做事过程中要遵循自然规律，“非命”提醒人们经过自己的奋斗掌握自己的命运，这对创业家们是最好的提醒和警示。“非乐”和“节用”思想反对奢侈浪费，这要求管理者们克己奉公，对物欲的追求要适可而止。反观这些古代文化思想，当今社会的怪象正是违背了这些思想，导致严重后果。

5. 兵家思想

兵家强调用兵之道，五者不可或缺：“智”、“信”、“仁”、“勇”、“严”五个层面，分别指代智慧、诚信、仁义、勇敢和威严。现代企业管理提倡从军队管理中吸取经验，比如美国西点军校的执行力，前段时间在中国企业界如火如荼地应用来提高企业绩效。兵家在强调以上五个方面的用兵之道的基础上，特别强调上级对下级委以重任需要授权，只有下属被赋予相应权利的时候才能履行相应的职责。主张受命的大将需要为君负责，但在履行权利过程中，并非一定要唯命是从，可以在自己权限范围内有充分的自主权。兵家的这些思想与管理学中的授权、赋权、集权、分权理论不谋而合。华为集团董事长任正非从企业开创以来的独特的军训和军事化管理，很多方面都带有强烈的兵家思想的烙印，为华为的快速发展作出不少贡献。

6. 法家思想

法家在诸子百家中最为注重法律和法治，在伦理道德和风俗习惯中都有系统思想。法家认为人类都具有“好利恶害”的本性，需要施以顺乎民意的法律法规对人们的行为进行约束是非常必要的。法家认为不应因循守旧，应锐意改革才有进步，这与企业需要在不断创新变革中谋求发展不谋而合。法家提倡法治，这对现代管理中提倡对企业实行制度设计、制度流程管理，不可墨守成规，通过变革适应变化的环境是一致的。

以儒家思想为首及诸子百家的思想学说奠定了中国传统文化的基础，其中许多思想对现代人们的立人处事、人际交往等方面有重要的作用。中国人在日常生活和行为风格上都受到了儒家思想的文化熏陶。中国传统文化对现代企业管理发挥着举足轻重的作用。

稻盛先生在清华大学演讲时，有经营者提问：“以谷歌为代表的美国公司发展非常迅速，您领导的京瓷公司50年不亏损，您觉得我们是该学习谷歌呢还是京瓷?”稻盛先生稍加思索回答：“如果想学习经营技巧，可以向美国公司学习，但我自己一直在经营心灵，我认为应该向中国学习。”显然，东方管理哲学的崛起是一个人类管理思想交融的过程，中国传统文化具有企业经营哲学需要的基础和“营养”。

二、稻盛和夫运用中国传统文化创造管理奇迹

当今风靡全世界的“经营之圣”稻盛和夫，一生创建两家世界500强

日本京瓷和KDDI公司。古稀之年，担当重任，成功拯救一家第二次破产的世界500强日本航空。其前无古人的经营业绩证明：稻盛和夫不仅是日本“经营之圣”，而且不管是论功绩，还是论影响力、论思想，稻盛和夫都无愧于“世界经营之圣”的美誉。

其实稻盛和夫的成长经历同多数人一样平凡：第一，没有天才式的聪明；第二，没有特别好的运气。第三，没有显赫的背景。稻盛和夫从小到大，到成为世界经营之圣，同普通人一样经历过战争、贫穷、生死、内部斗争、失败及成功的无数次考验，但不同的是他从来没有在压力面前妥协，而是坚持正确的原则。当然，他的每一次坚持都让他赢得胜利。因为稻盛和夫的所有的坚持都不是出于私心，而是出于公心，从这些和困难的斗争和胜利中，他感悟到：只要真正对大家有利，就不怕大家反对，因为赢得大家的认同和支持是迟早的事情。只要按照做人的正确原则去行事，即使遇到阻碍和挑战，只要敢于坚持，善于坚持，最终一定会赢得胜利。

卓越的企业文化让人回归理性，使员工心悦诚服地将自己约束在企业的规章制度内，自觉地关心企业，为企业、也是为自己把工作做好。京瓷企业的文化管理正是最好的佐证。稻盛和夫提出，企业首先是员工的企业，其次才是股东的企业。他提出：“公司并不是经营者个人追求梦想的地方，无论现在还是将来，公司永远是保障员工生活的地方。”这种哲学塑造了京瓷员工强烈的归属感，许多员工甚至选择死后葬在京瓷的公司墓地里，并在墓碑上写着“为那些永生不愿离开京瓷的人”。这种“生做京瓷人，死做京瓷鬼”的现象在企业界极为罕见。这不由得让人们不得不为企业文化的惊人作用而折服。

无论是大自然还是人类社会，平衡就是最大的和谐。刚柔相济，恩威并施才是推崇的管理风格。刚，是制度；柔，是文化。严格的规章制度并非凌驾于一切之上，而是与其文化相辅相成，是建立在共同利益的文化基础上的工作准则或纪律规范。高层次的企业文化让多数员工意识到自己是企业的主人，工作是大家一起完成的一项事业，是在追求崇高的目标、奉献自己，是在与一群志同道合的人互相协助、共同完成！企业只有像宗教一样建立一套思维体系——企业经营哲学，才能使企业形成强大的向心力，每个企业员工都象“动车”一样具备高速动力系统，那么普通火车就很难超过动车，竞争对手也很难超越，从而使企业永葆优势地位和竞争力。因此企业文化的核心在于企业经营哲学。

稻盛和夫所经营的企业，日本京瓷、KDDI、日航之所以成功，是因为它拥有一个明确的经营哲学——稻盛经营哲学，而且不仅仅停留在纸面上，而是所有员工都真挚地、一丝不苟地、不断地实践着这种哲学，这才是稻盛和夫创造奇迹的秘密。

企业文化作为一种亚文化，它必然根植于一定的民族文化沃土之中。日韩等国家的实践与经验表明，中国传统文化思想与市场经济并不排斥，许多方面都有契合之处。由于历史原因，以往的中国企业管理多借鉴西方或日本的企业管理思想，然而当我们正在极力地学习模仿西方的企业管理思想时，西方学者已经开始研究中国传统文化思想对现代企业管理的贡献。传统的西方管理思想和方法的潜力已经被挖掘殆尽，21 世纪的企业管理正在不断地寻求新的文化和理论体系作为基础，进一步完善和发展管理学思想，中国传统文化思想经过古今的实践经验，形成了一个完整体系。我们可以用科学的态度取其精华，古为今用，推陈出新。

很多中国企业家没有意识到企业文化和经营哲学就在身边，反过来去外求，外求的结果就是会形成很多障碍。在中国目前社会上已经掀起了学习稻盛和夫的浪潮，有些人在传播稻盛哲学时，往往把稻盛和夫说成“神”，其实只学稻盛经营哲学的表达文句没有任何意义，而应该结合企业存在的主要问题和管理实践来学习和实践。有些企业家甚至认为买了稻盛和夫的《活法》，发给员工看，就可以改变他们的工作态度。这显然达不到预期目标。

总之，中国企业要以中国传统文化和稻盛经营哲学的缘起之法，形成适合我们中国企业发展具有自己特色的企业经营哲学，这才是中国企业学习稻盛哲学和完善企业文化的出发点和归宿。当前世界经济趋于多元化、一体化，跨文化管理成为现代企业管理界面临的重要课题，我们不能单一的模仿西方企业管理思想，而应该更深入研究我国传统文化的精髓，即去探寻中国传统文化中的百家思想的精华，构建我国企业独特的企业经营哲学和企业文化，这对中国现代企业管理和中国特色的企业文化建设有着重大的理论及现实意义。

第五章　构建企业经营哲学——业绩提升之“王道”

世界1000强企业的平均寿命是30年，全球500强企业寿命约为40年，中国百强企业寿命平均不过十年，欧美企业平均生存年限也不过12.5年。据日本《日经实业》的调查结果显示，日本企业平均生存寿命为30年。在中国，有关企业寿命官方尚未明确统计，但2012年4月，全球最大会计师事务所普华永道在深圳发布的《2011年中国企业长期激励调研报告》显示：中国中小企业的平均寿命仅2.5年，集团企业的平均寿命仅7~8年，与欧美企业平均寿命相比相距甚远。中国企业数量众多，但企业的生命周期短，重复走着“一年发家，二年发财，三年倒闭”之路，能做强做大的企业更是寥寥无几。

为什么中国许多“明星”企业很快成为“流星”企业？企业做不长、做不大的原因有很多，专家普遍认为多数企业缺乏一支能引领企业永续前进、随环境的变化而变化的核心人才队伍和企业缺乏持续存在的理念依据，企业对未来没有完成系统思考（战略、核心竞争力）。而这其中根源只有一个：企业缺乏文化管理和管理“灵魂”——企业经营哲学的构建和实践。

一、什么是企业经营哲学

人为什么活着？怎样活着才有意义？人的行为，何谓正确？企业家为什么要创办企业？要创办成什么样的企业？企业如何才能持续发展、基业常青？企业经营者以什么样的思维的方式进行判断？员工如何才能获得物质和精神两方面的幸福？

正确的企业经营哲学对以上问题给出了答案。凡事恪守正确的做人准则，树立正确的企业价值观和企业文化，一步一个脚印，无论处于顺境还是逆境都真正去贯彻自己认定的判断准则，这就是正确的企业经营哲学。

企业经营哲学是以企业家为核心的经营层对企业如何生存和发展的哲理性思维，是企业家文化与企业文化的转化器，是一个群体的思维；是指导企业经营管理的最高层次的思维模式，是解决问题的原则及方法论；是企业文化的核心和动力源泉，是企业处理种种矛盾的指导原则。是企业各项制度流程和制度的依据。

企业文化是企业经营哲学的外在表现，企业经营哲学是塑造企业文化的根本和核心。

二、企业经营哲学的最大贡献

其占据了高度、突破了瓶颈、跳出了传统文化范畴、构建了体系，并整合哲学、文化学、管理学、社会学以及经济学等等多个学科的综合资源，以综合的视角和研究方法为企业运营与管理提供指引，构建健康、和谐、支持企业持续发展的氛围。

三、企业经营哲学与社会主义核心价值观的关系

企业是特色社会主义的重要支柱，是市场经济的主体和社会责任的重要承载者之一，是党执政的重要基础，是国之根基、国之命脉、国之脊梁。不仅承担着创造财富的经济责任、增进民生福祉的责任，而且还承担着发展社会主义先进文化的先行责任。企业兴则国兴，企业强则国强，企

业在全面建成小康社会中发挥更加重要的顶梁作用。

社会主义核心价值体系是兴国之魂，也是引领企业发展之魂。它是社会的方向盘、国家的稳定器、民族的导航仪。没有代表先进文化的核心价值体系积极引领，没有人民精神世界极大的丰富，没有全民族精神力量充分发挥，一个国家、一个民族、一个政党不可能屹立于世界民族之林。同样道理，没有社会主义核心价值体系的引领，企业发展的正确方向就没有保证；没有社会主义核心价值体系的武装，企业就没有发展的精神动力；没有社会主义核心价值体系的支撑，企业就没有发展的魂魄。

四、企业需要经营哲学的四个理由

第一个理由，所谓哲学首先应该是经营公司的规范、规则，或者说是必须遵守的事项。经营企业无论如何都必须有全体员工共同遵守的规范、规则或事项。

第二个理由，所谓哲学用来表明企业的目的，企业的目标，也就是要将这个企业办成一个什么样的企业。同时这种哲学还要表明为了实现自己希望的理想的企业目的，需要有正确的思维方式，因此这种哲学在企业经营中是必不可少的

第三个理由：所谓哲学用来解决跨国经营的21世纪，如何赢得外国人的尊敬？企业究竟能不能在海外发展的问题。这就要求企业必须具备特别优秀的品格，优秀的品格能够超越人种、语言、历史和文化的障碍，能够打动世界不同国家的人们的心，优秀的品格中充满着美好的德行。就是具备做人的“德”行，这个“德”字超越国界，普遍适用，万国共通。

第四个理由，由于哲学可以赋予企业一种优秀的品格，就像人具备人格一样，企业也有企业的品格。企业经营需要非常优秀的哲学，这是因为

这种哲学可以赋予企业优秀的品格。人要具备优秀的人格，企业要具备优秀的品格，要做到这点就要明白做人应有的正确的生活态度，而哲学就像前面所提到的一样，它就是用作为人何为正确为基准进行对照，从中归纳出正确的为人之道。这种正确的为人之道在普遍的伦理观之上，所以这种哲学超越国界，在全球性经营中也能有效发挥作用。

五、企业经营哲学的四大作用

1．企业经营哲学使企业坚守底线，保障企业遵循正确的发展方向

企业经营哲学首先应该是经营公司的规范和规则，经营企业无论如何都必须要求全体员工共同遵守的规范、规则或事项。企业经营哲学融合企业经营判断的标准和员工日常工作和生活的准则和必需遵守的事项为一体，保证员工行为不偏离正常标准，企业经营不偏离正确方向，这样才能保证企业永续经营。

2．企业经营哲学为公司高目标的实现提供正确的思维方式

企业经营哲学要让全体员工明确经营企业的目的、发展目标和愿景，同时企业经营哲学保证拥有企业实现发展目标而需要的正确思维方式。企业经营哲学从思维方式到工作方法都对员工加以正确地指引，引导员工如何思考和工作，如何达到企业的发展愿景。

3．企业经营哲学可以塑造受到广泛认可与尊重的企业品格

如同人具备人格一样，企业经营成功也需要优秀的“品格”，企业经营哲学能够赋予企业一种优秀的品格，帮助企业走向成功。优秀的企业经营哲学建立在正确的为人处事之道和普遍的伦理观之上，因此它可以超越国界，在全球性经营中也能有效发挥作用。

4．企业经营哲学可以使企业和人承担社会责任

（1）使企业员工形成团结统一、勤劳勇敢、自强不息等为核心的员工

价值观，弘扬以爱国主义为核心的民族精神和以改革创新为核心的时代精神，为建设企业文化提供牢固的精神纽带，为提升企业的竞争力提供强大的精神动力。

(2) 为全面落实科学发展观，构建和谐社会、增强企业员工的社会责任意识，强化企业员工社会公德、职业道德意识，建设高素质、高成长型的企业，提高诚信度、美誉度和抗风险能力，塑造良好的企业代表形象。

六、企业经营哲学逻辑框架

企业经营哲学可被分成四大模块：人生哲学、经营哲学、领导哲学、工作哲学。如图 5－1 所示。

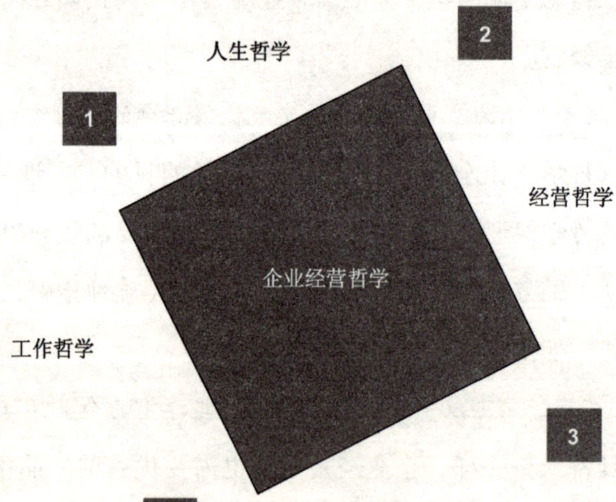

图 5－1　企业经营哲学四大模块一览图

1．人生哲学解决的根本问题

如何过好人生？对人生而言，最重要的是掌控万事万物的运行规律，从规律出发，明确人类的使命是什么，人生的使命是什么。然后，通过个人奋斗与自我修炼，让自己美梦成真，度过一个美好的人生。

2．经营哲学解决的根本问题

如何办好企业？对于企业经营者而言，最重要的是明确企业存在的根本价值和意义。企业经营最重要的方面在哪里？成功的根本规律是什么？企业发展需要遵循哪些基本的原则，运用怎样的关键方法？

3．领导哲学解决的根本问题

如何做好领导？对于企业的领导者来说，如何认知管理自己与领导他人的关系？领导者需要进行怎样的系统提升？领导者个人修炼的方向在哪里？

4．工作哲学解决的根本问题

如何干好工作？对于一名企业普通员工和工作者，应该拥有怎样的劳动观、工作观。员工应如何正确看待自己的工作？在工作中要恪守怎样的原则，坚持怎样的工作理念？如何创造工作业绩？

当然，以上四个方面既相互独立，又紧密联系，是一个统一的整体，不能截然分开。

如果人们将"事"变成了"事业"，那么大家就在不同程度上放弃了短期利益的成见，把目标变成了"完成事业"而不是"个人追求"，马洛斯需求理论中温饱、健康、安全等利益性的需求都只是低层次的需求，价值认同才是高层次的需求，稻盛和夫先生提倡的"提升心性、磨练灵魂"是永无休止的自我追求幸福的境界，可见超越了浅层次利益的价值追求才是人类更高的追求。而在企业文化管理和企业经营哲学氛围的熏陶下，每个组织成员都明白自己完成本职工作是在做一项对大家（包括自身在内）

有意义的事情，整个企业都达到“我为人人，人人为我”的思想境界。稻盛企业经营哲学就是这么一步步实现奇迹的。

经营哲学经历了从创业实践中提炼、在企业经营中升华，最终又回归经营实践的过程。由于其经营哲学来源于经营实践和企业现场，具有很强的实质性，他的思想甚至比很多哲学家还要深邃和为世人接受。

七、中国企业应尽早构建企业经营哲学

目前中国企业面临金融危机与实体经济空心化危机。导致金融危机的不是经营手法、管理手段问题，而是经营哲学的问题。人类应该何去何从，资本主义应该如何发展，企业经营应该遵循怎样的原则，经营者应该怎样修炼自己的灵魂。稻盛和夫是金融危机中的强者，是做大做强实体经济的成功者，稻盛和夫的企业经营哲学为中国企业做出了榜样和表率。人们很难想象一家公司50多年运营中不亏损，但京瓷公司做到了，而且是在整体日本经济低迷的环境下实现2家500强企业稳步增长的神话。稻盛和夫帮助企业家找到新的经营之路。稻盛和夫做到了义利结合，受人尊重，让人看到了中国企业的希望。

目前中国的企业家们面临各种各样的经营难题。现在的中国很像20世纪90年代的日本。当时的日本人心浮躁，一心追求个人利益和企业利润，大量的盲目投资产生了严重的经济泡沫，泡沫破灭后经济一蹶不振几近20年。目前中国通胀预期严重，面临着实体经济空心化危机、环境危机和诚信危机等不利的商业环境，中国的企业家们渴望被引导，而稻盛和夫提供了一个很好的典范，尤其是他担任日航董事长后的实践，这是中国掀起稻盛和夫热的一个主要推力。

稻盛和夫认为企业经营哲学可以帮助企业在员工中统一正确的思维方式、工作方法作为共同的标准，同时让员工充分理解认可并从内心产生共

鸣，这才是实现企业经营目标的前提。稻盛正是成功应用企业经营哲学管理企业，才在世界企业经营史上创造奇迹：成功创立并营运两家500强企业，古稀之年，以78岁高龄应日本政府邀请出任已申请破产保护的日航CEO，仅一年时间使日航空前盈利，成功拯救日航集团。

我国企业家应该融汇中西，不迷信、不自卑、不自大，打开心性，借鉴稻盛哲学缘起之法，形成中国企业自己的哲学对企业持续发展尤为重要。

八、中国企业如何构建自己的经营哲学

当前，不少致力于国际化发展的中国企业，制定了与国际接轨甚至赶超国际巨头的发展目标和计划。很多中国企业也不乏一些冠冕堂皇的企业精神、企业使命，但在实际经营过程中，精神和使命只不过是摆设，没有起到导引和制约作用。企业要顺利健康发展，不仅要有在规模上赶超的决心，更要在真正的企业精神和企业使命的真实践行上实现超越，构建正确的、适合自身发展的企业经营哲学。这样，企业内外才能真正赢得广泛支持，才能获得社会的普遍尊重。

中国企业在企业文化建设中要高度重视其核心价值体系的构建——企业经营哲学的构建。根据笔者多年学习研究经营哲学的心得体会以及在大型企业践行企业经营哲学的实践经验，这里分享中国企业构建企业经营哲学框架的粗略流程，供读者参考，也欢迎读者和企业家、管理者们能多提宝贵意见和建议，共同探讨中国企业经营哲学的构建及完善的重要课题。

我国企业经营哲学的构建过程大体可分为如下三个阶段：

第一阶段：学习经营哲学和中国传统文化阶段。该阶段根据企业决策管理层及员工具体情况，需3至6个月时间完成。为企业经营哲学的构建

打好基础。

第二阶段：酝酿、提炼、设计和构建正确并适合企业发展的企业经营哲学体系。该阶段根据企业管理及企业发展现状，需3至6个月完成。具体包括企业经营哲学体系设计、试运行及反馈修正等环节。

第三个阶段：培训和践行企业经营哲学阶段。该阶段需3至6个月培训和推行企业经营哲学，后期可根据企业需要实施6至12个月的跟踪、反馈、完善环节。

九、企业经营哲学神奇力量的经典案例及见证

1. 稻盛和夫和他的企业经营哲学——世界500强企业典范

当今风靡全世界的“经营之圣”稻盛和夫，一生创建两家世界500强企业——日本京瓷和KDDI公司，这在全世界绝无仅有。而且古稀之年，担当重任，成功拯救一家濒临第二次破产的世界500强企业——日本航空。众多研究学者和他本人都将其奇迹般的经营秘诀归结为企业经营哲学。

（1）京都陶瓷株式会社2012年收入600多亿元人民币，成立53年来从未亏损、持续成功。2008年金融危机时，稻盛和夫向全球6万名员工宣布：以大家目前的生活水平、工资和福利标准，公司不收入一分钱，公司的现金储备可以养活大家24年，请大家安心工作。日本经济自90年代，多年来一蹶不振，京瓷公司却保持多年来一直以不菲的增长率维持自身稳定发展的步伐，实在是企业经营史上一大奇迹。

（2）20世纪80年代，稻盛和夫创建日本第二电电（KDDI），现在已发展成为仅次于日本电报电话公司（NTT）的第二大通信公司，世界500强之一。

（3）稻盛和夫用其独到的经营哲学拯救面临二次破产的日本航空公

司，短短一年之内，应用其独特的企业经营哲学成功帮助日航扭亏为盈，而且是在日本整体经济低迷的情况下，创造了企业经营的奇迹。现在成为世界上最赚钱的航空公司，利润为世界航空公司的1/3，已重新在日本上市。

2. 目前全世界已有多个国家的企业成功建立了自己的企业经营哲学，年利润率每年保持在两位数以上

很多企业成为上市公司，成为受尊重的企业。据不完全统计，中国成功建立企业经营哲学的企业大多为行业内领先或上市企业，比如软件行业的广联达、家纺行业的罗莱家纺、水星家纺、日化行业领先企业立白集团、超市行业的广东新一佳超市、婚纱摄影行业的“金夫人”及房地产行业的阳光100等。中国目前正在学习和即将建立企业经营哲学的企业有通信技术行业的华为、装备制造业的特变电工、厨具行业的方太等。

本篇小结

企业管理的最高境界是企业文化管理。基于正确的企业经营哲学基础之上的卓越的企业文化不仅让人回归理性，支撑企业实现超越和成功。纵观世界500强企业的管理演变过程，那些能够持续成长的公司，虽然为了适应变化的外部世界，其经营战略和管理实践活动总在不断地调整，但其核心价值观都始终保持稳定不变。卓越企业的创始人往往能提炼出具有普世价值的企业文化，并使其公司始终遵循着一套有效的核心价值观，这便是企业经营哲学。稻盛经营哲学及其管理实践正是最好的佐证。

当前，不少有志于国际化的中国企业，制定了与国际接轨甚至赶超国际巨头的目标和计划。事实上，我国企业不仅要有在规模上赶超国外企业的决心，而且要在企业经营哲学的构建方面实现成功创新和超越，这样才能赢得政府和民众的支持，才能获得社会的普遍尊重，才能持续和顺利发展。因此，中国企业家要想获得卓著的经营业绩，最佳捷径的首要任务便是构建并完善企业经营哲学。

虽然企业经营哲学的构建具有普遍的规律性，但毕竟每个企业的具体情况不一样，故不同企业的经营哲学各有特点、互不相同。中国企业要以中国传统文化和稻盛经营哲学的缘起之法，形成适合自身企业发展和具有自身特色的企业经营哲学，这样才能真正达到持续提升企业业绩的经营目标，才能保证越来越多的中国企业长足健康发展、“基业常青”。这才是企业业绩提升之“道”！

中篇
建立过程管控体系——业绩提升之术

业绩提升之道——企业经营哲学解决了个人与企业之间的关系、个人与企业利益之间的关系，进而解决了人的主动性——愿不愿意的问题，愿干但如何干？怎样干才是正确的？怎样干效率更高？怎样利益最大、费用最小？怎样干结果更好？怎样次次把事情做正确做好？在解决企业发展方向的前提下，只有解决上面这些过程问题，才能为提升企业业绩奠定基础。但创业成功后，如何才能持续提升企业业绩？如何才能赶上国内外先进企业？这些问题都是企业家们不得不面对的现实问题。

在本篇，笔者综合多年中外企业管理工作及项目咨询经验，提出“没有结果的过程都是垃圾”的管理思想，从企业的基础管理——标准化管理——标杆化管理的企业管理思维出发，构建一种简单、透明有效的企业业绩管控之术——过程管控体系，进而达到提升企业经营业绩的目标。

第六章　没有结果的过程都是“垃圾”

一、没有过程，就没有结果

无论产品构造复杂还是简单，不管是宇宙飞船、人造卫星、火箭、航空母舰、大炮、汽车、火车、飞机或者其他简单产品，都需要经历一个生产过程来实现。这些产品实现的过程都会用到人、资金、材料、设备、厂房、技术和方法。如果没有标准的过程管控体系，那么很难满足产品的实现。

在管理思维中，很多企业过于重视最终结果（或目标实现），而不同程度地忽略产品实现的过程。很多企业管理者的口头禅经常是：“不要跟我谈过程，我要的是最终结果！”长此以往，导致管理中出现工作越多，问题也层出不穷的现象。深究其根源在于，管理者按照这种一味地“重视结果实现而忽略过程的把握”思维进行管理，往往容易造成急功近利，忽略工作执行中的细节问题，甚至让管理及工作实践与初始目标脱节，这样管理的结果自然是事倍功半、成效不佳。

有人会说，结果的意义远大于过程，但这都是有前提存在的，不可断章取义。实际上，企业管理要有成效、工作成果要显著，一定不得忽略工作过程管理，不能忽略产品实现过程中的持续改善和管理控制。管理者如果能在确保目标实现的前提下，让工作过程中的各个环节都有条不紊、精益求精，其结果必然会准确圆满实现工作目标。

二、为什么上有政策，下有对策

“上有政策，下有对策”的情况在企业界屡见不鲜，即使在当今不少拥有现代管理制度的大型企业里，这个问题依旧严重。当一项企业政策或企业制度出台的时候，如果没有一套可控的执行细节和实施办法，规章制度往往就会被“架空”，象征性、“走过场”式地执行，在制度执行中容易出现钻漏洞、弄虚作假、投机取巧、随意性强等问题，并且层出不穷，无法根治。美国安然公司就是最典型的案例。比如有些管理者渎职，其工作多数为下属帮助完成，而每天热衷于上报“胜利”业绩与政绩，直到“东窗事发，纸包不住火”了，才爆出一个个的大案子或大危机。

在很多企业中的“5S”管理理念下，“清理清扫”本来是为了让员工获得一个良好的日常工作环境，提高工作效率。但是很多时候，在很多企业里，这个目标被搁在一边，变成应付管理层或外人检查的行为。一旦检查程序过后，其办公室物件与公文杂乱摆放一切照旧。再比如，企业的环保设施本来为了保护环境、治理污染而设立，但一些企业对待其环保设施形同虚设，似乎特意摆设给政府部门或者上级领导看的，有上级检查的时候就开动起来，检查人员走了就直接关掉……正因为企业内部存在诸如此类种种“走过场”的行为，企业界有一段时间就大力提倡“目标管理”，还有些企业的目标管理其实也似乎是管理者用近乎多余的手段来对付“走过场”现象的无奈之举。

作为企业管理，本身是就一个企业实现生产和企业效益的重要过程和途径。尤其是对于生产性企业而言，管理工作的对象都是针对过程进行控制和管理。这个管理过程和路径是针对目标的，不存在管理手段和管理结果的背离。手段一定是为目标服务的，因此，不需要撇开过程控制而片面强调结果。企业界以前有这种管理理念偏差，即把手段和过程当作目标，为管理而管理，为改革而改革，但现在也不能矫枉过正，过度重视工作结果和目标，而忽略过程监控。

综合起来，不少企业管理中存在“上有政策、下有对策”现象的原因主要有以下几点：

（1）“照抄照搬，闭门造车”是“上有政策、下有对策”现象的首要原因。很多企业的经营管理制度、流程及方法没有根据企业的实际具体情况就照抄照搬、闭门造车，不征求单位人员的意见，也不经过集体讨论，使其成为“抽屉制度”。从制度一开始制定时就已经扭曲了，加上高层的急功近利的思维，这就是制度形成“两张皮”的根本原因，也是中国产品为什么不能同发达国家质量相比的根本原因！

（2）追求“利益最大化”是“上有政策，下有对策”现象的根本因素。“上有政策，下有对策”就是政策执行者在追求自身利益最大化过程中，过多强调和重视地方利益、部门利益甚至是个人利益而对原来政策的曲解。

（3）政策本身不完善和存在缺陷是制度原因。政策要得到很好的执行和贯彻，前提是政策本身是完善而具有合理性的，而政策本身的缺陷构成了“上有政策，下有对策”的诱发因素。通常政策的制定要根据所处环境的变化而变化，而很多企业的政策现状体现为政策多变、不完整和不配套，政策缺乏合理的稳定性和连续性，“头痛医头，脚痛医脚。”政策的制定缺乏权威性和可信性，因而容易诱发“上有政策，下有对策”的现象。

（4）政策执行和实施过程的监控乏力是“上有政策，下有对策”的管理体制原因。新政策的执行和实施是要付诸行动的，在现实中，政策得不到贯彻实施甚至成为一纸空文的情况时有发生。主要原因在于政策执行过程中会受到权利、利益和人们思想意识等主客观方面的干扰，因此必须对政策执行和实施过程加以必要、科学合理的监控。

如何才能杜绝企业管理中出现“上有政策，下有对策”现象呢？什么方法可以达到治标又治本呢？首先可以肯定的是，不能等到造成不良后果才对责任者施加处罚。科学的方法应该是从以上三个方面出发，找准根源、对症下药才能根治。具体可细分为：第一，要标本兼治、双管齐下。在任务下达时，就将可能出现的各种阳奉阴违的手段罗列出来，明确加以禁止，以摧毁不良心理预期；第二，要让上级的指令下传渠道畅通无阻，将决策下发落实到位；第三，要加强思想教育和培训，统一认识，培养员工实事求是的良好品德，深刻认识表里不一、阳奉阴违、口是心非的人性弱点，给以必要的警示。只有这样，才能防患于未然。

三、改革开放30年中，中国企业到底学到了什么

企业经营者最关注的是寿命——企业寿命、产品寿命、行业寿命和政策寿命，因此中国企业目前最迫切需要解决的问题是如何获得科学管理方法的中国本土化法则及如何预防经营风险的有效方法。

面对中国民营企业的寿命逐年递减，从原来历史上的平均6年，很快缩短到3.5年，直至2.9年（2011年的数据统计结果），企业家们心急如焚，却无计可施。中国企业从改革至今，经历了“设备引进→技术改造→人才引进→制度改良→管理全盘西化→（业绩欠佳情况下）文化寻根”的过程。短短30年，中国企业界经历了“三级两跳”，频繁遭受着管理不适应的困难，鲜有企业达到实现悠闲管理的理想境界。在管理理论发展历程中，“成功学”热没有带来成功管理；“战略”热与实践偏差大，总是超前或落后于实际；“精细化管理”又使企业跌入漩涡；“中国式管理”的推行，试图解决文化冲突，而效果并不理想；基于市场定位的“蓝海战略”，短时间就使企业又陷入“红海竞争”；“成本管理”的普及，却因不得法而降低企业内部团队士气和“作战”能力；基于职业化团队建设的“人才战略”也因“水土不服”，给企业带来极大的负面效应，等等。在这种挑战背景下，“科学管理本土化法则”呼之欲出，人们都在关注：改革开放30

年，中国企业到底学到了什么？什么才是最有效的中国特色企业管理模式和方法呢？

四、没有过程的结果都是“垃圾”

西方管理理念通常以结果为导向。管理者在目标下达、任务布置后希望看到满意的结果，而不管完成工作采用什么方法。但是这样会导致另外的负面效应：员工在工作时因为没有找到好的方法而对工作效率产生影响。因此有效的管理者不仅仅是任务下达者，目标制定者，还应起到“参谋”的作用，因为每个人的工作习惯不同，他们的工作行为也不一样，但工作需要“用对方法，做对事”，所以管理者需要知道员工通过什么样的方式来完成工作，对员工的工作行为了如指掌，才能达到适时给予指导纠正或制止。

生产中的品质管理采取的是过程控制、事前预防为主的管理模式，实际上管理过程中也应体现过程控制原则。我们有理由相信：只要过程正确，结果就一定是正确的，因为过程正确，结果才会受控，过程受控才会保证正确的结果。

日常工作中，班组管理者在安排工作时，有时会这样说：“这事交给你，你自己看着办，我只要结果是××××，没做好我就找你。”事实上，如果下属没完成好工作，处罚并不是万能的。总不能每件事都要做错一次，处罚过一次，才能做好吧？再比如有这样的说法：“你负责这条生产线的品质，到月底若未能达标，你负全责啊！”其实员工如何负责？而你作为其上司又应该承担什么责任呢？

上述管理沟通案例中的任务下达环节，其实完全未体现过程控制原则，组长可以负责班组的工作，也允许把工作再安排给下属员工或其他员工，但不能仅这样几句话安排了事。对管理者而言，任务安排好后要跟进，目的在于关注下属在完成任务的过程，过程是否正确抑或方法是否得当？不正确的过程或方法，可能在某些偶然时间或条件下产生的正确结果。但这种结果是不受控制，过程不受控故正确的结果难以100%保证。

总之，在中国管理模式呈现一定的弊端的时候，人们关注西方管理上的过程控制原则。该原则要求不能只关注正确的结果，也不能简单认为正确的结果就是由正确的目标引导产生，从而忽视过程的管控。而是不仅要得到正确的结果，还要以正确的过程达到。

企业管理的首要任务在于提高生产效率，对管理者而言，工作重点在实现对资源的优化整合。而要实现优化整合，必须掌握资源特性，然后围绕管理需求，对其进行高效的组织调配。在计划实施过程中，管理者需要通过对执行过程的重点项目实行监测，实施系统的过程监控，收集计划实施过程中的相关监控数据、信息并进行系统地分类、统计、分析，用数据引导下属员工把握任务改进的时机及关键点，并及时予以指导纠正，监督引导实施针对性的改进，从而保证并不断提升其执行效力。

五、世界上怕就怕“认真“二字

“凡事预则立不预则废。”“成败在于细节。”世界上万事最怕“认真“二字。这里的“认真”、“细节”、“预”，这都是针对过程而言的。企业管理者为了顺利实现“从过程到结果管理，必须严格进行“过程控制”，深入落实“细节管理”，规范作业，狠抓以“基层团队建设、基础工作管理、基本功训练”为核心内容的“三基”工作，落实各项举措，把过程控制落实到每个环节和每个员工，以“一切工作有标准，一切工作具备条件，一切工作按标准操作，一切工作按标准进行检查落实”等“四个一”为原则，在强化过程管理的过程中，采用PDCA（即计划、实施、检查、处理）四个步骤循环的方法管制。在进行具体工作前，预先计划安排好工作过程的最佳步骤、流程、检查控制方法以及资源需求，规定好组织内各部门之间的关键活动的分工与合作。在正式工作实施过程中，通过预定工作流程，对实现目标的过程及相关资源和投入进行动态管理，及时测量、统计关键活动的成果并及时反馈。通过对反馈信息的分析及时调整管理措施，实现持续改进。这样就能保障的既定目标实现。

第七章　好制度100%执行，将业绩推向行业巅峰

一、先小人后君子，先礼后兵

俗话说："无规矩不成方圆。""国有国法，家有家规"。"游戏有游戏规则。"企业也有规章制度，工作职业化的前提是遵守企业的规则，正所谓"先小人后君子，大家都是君子，先君子后小人，大家都是小人"，在企业的一切行为均有章可循、有规则可依。

目前中国企业的发展现状，也证明制度存在的必要性！譬如，我们日常听说"丑话说在前面"和"先小人后君子"之类的话，无非都是喻指：若没有制度的规范作用，就可能难以实现当初的目标。如果工作开始之前有明确、清楚的相关制度，就可以避免许多不必要的冲突和争执，也可以避免"一言堂"现象。

二、"三个和尚有水吃"的寓意

俗话说"一个和尚挑水吃，两个和尚抬水吃，三个和尚没水吃"。试想一下，如果现在用以下两种制度规范一下，结果又如何呢？

第一，假如三个和尚都不去挑水，方丈说："你们今天谁挑得多，可以有更好的奖励。挑得少的只吃几片青菜叶，也不能吃饱。"这样，和尚还敢睡懒觉，不去挑水吗？这是绩效管理中的"赏罚严明"规则。

第二，假如方丈叫三个和尚共同去打一口井，然后叫一个和尚负责把水打上来，另外一个负责装一根竹管，第三个和尚负责接住竹管接过来的水。这样，就可以源源不断地喝到可口的井水了，而一个和尚能这么轻松完成这些工序吗？这是团队合作精神的结果。

因此，同样一件事情，有无制度引导和规范，结果大相径庭。

三、制度可以使“魔鬼”变“天使”，也可以使“天使”变“魔鬼”

先来看一个故事，就明白规则与制度就象神奇的魔盒，关键时刻能发挥它的巨大魔力。

据说新大陆刚被发现时，急需很多劳动力帮助开发。先期开拓者因为一时找不到足够劳动力，便与监狱密谋一个联盟计划：把囚徒运到新大陆上去做免费劳动力。该合作计划一旦酝酿成熟自然开始实施。他们先是请好船运公司，运输费每个人 100 元，为犯人买票上船。最后结果——到新大陆上岸时，死掉的囚徒不计其数。因为提前按囚徒人头数目预付运输费，所以船主不计后果，在起航时，能装下多少就装多少人，甚至为了多装囚犯，少装食物和饮水。最后开拓者发现：花了钱也未获得足够的劳动力。于是第二次运输前他们和船主重新商定了一个规则：“还是运费 100 元/人，但按实到人数算运费。在新大陆上岸时清点人数。”这样船主还敢多装吗？此后运输时，船主来了个 360 度的大转弯，不但不敢多装，而且在船运期间，加倍为囚徒提供好的待遇。这样，这些监狱犯人们不但早上可喝到可口的牛奶，中午可以吃到美味饭菜，晚上甚至可以搞搞娱乐活动。船主这样做并非大发慈悲，讨好犯人，其最终目的是要保证自己的经济效益：只有切实保证囚徒的身体好、生活好，到囚徒上岸清点人数时他们都能好好活着，这样赚钱的终极目标能得到最好的实现。这个传说说明了规则“失之毫厘”，结果“谬之千里”。制度可以使“天使”变“魔鬼”，也可以使“魔鬼”变“天使”。

现实生活的许多现象总是给人感觉迥异。比如，当你进某家餐厅进餐后总不由自主地比较：“为什么与上次相比，这次吃的回锅肉味道不同呢?”“为什么这次上的啤酒鸭味道淡很多?”但是，如果去麦当劳的任何一家分店就餐，任何时候进去，食物的口味似乎都千篇一律地标准化，基本上没有差别。这就是麦当劳旗下全球所有餐厅在制度执行方面被人们总结的“三化”特点：一是僵化，二是优化，三是固化。所有食材、工序乃至流程严格按标准执行。每新进一位员工，要按标准培训一段时间后上岗。而我国餐饮在制度执行标准化方面难度相对较大，首先中餐的食材量化无法精确，再加上没有合理规范的制度标准，仅仅厨师的心情也会造成同样菜谱呈现不同的口味，如果更换厨师，那味道就大相径庭了。因此同样的规则在执行阶段的结果也会因为外界诸多因素的影响而使结果大相径庭。

四、制度创新才能将自己推向行业的最高峰

一个经典的“小和尚温饱问题”的故事诠释了制度创新对企业管理中的执行力的重要性。寺庙的主持方丈因事外出数日，留下七个小和尚因为分粥问题一直争论不休。最开始分粥办法是七人轮流值班主管分粥，一人当班一天，一个星期下来，每个人只有值班的那一天能吃饱，而且还有剩，这样浪费了资源。于是开始整改分粥办法，第二次分粥采取的方法是，选一个有分量、德高望重的人来分粥。开始还相安无事，可过几天后，有人发现极个别帮德高望重者捶背、说漂亮话多的人的粥就分得多一

些，于是又引起了一些争执。接着又开始创新，第三次分粥的方法改革为：寺庙成立一个分粥委员会，一个监督委员会。但很快发现：分粥委员会委员们互有矛盾、扯皮，等把粥分完时，热粥变成了冷粥，喝下去心都凉了，分粥效率和满意度还是不高。最后大家讨论商定一个分粥高招：还是老办法分，一人当班分一天，但拿粥顺序改变了：规定谁当班分粥，谁就最后拿粥碗。如果分粥时每份多少不一样，那么最后被大家挑剩的那一碗肯定最少。从此以后，七个小和尚每天都觉得分粥公平，相安无事。从这个故事中，我们可以感受到制度和规则创新后，目标达成的效率和结果得到了充分的保障。

当今知识经济时代是一个创新的时代。但凡自主创新、持续创新业务优秀的企业往往都取得快速飞跃的发展。大家都非常熟悉位于深圳的华为和万科等等一批创新型企业，它们在一定程度上都是以制度创新为先，而将自己推向行业的最高峰的。

破茧而出的蝴蝶，在痛苦的蜕变中让柔弱的羽翼丰满坚强起来，从而飞舞于花丛中。企业应该学会蝴蝶这种敢于自我突破，打破旧有的阻碍和桎梏，面临变革与挑战，唯有勇敢突破，才能开创企业新的发展的未来。相关资料表明，过去的华为曾花了 10 年时间使企业的各项工作与国际接轨，管理水平达到国际标准，市场营销跨国化，具有国际竞争能力。当时华为上下进行制度创新，其核心目标为推行权力智慧化，将企业家行为转变为职业管理层活动，通过职业管理层的规范化运作，避免因为企业家个人知识和信息处理能力的局限而酿成企业经营失败的结果。这一举措堪称华为实实在在的制度创新活动，完全可以和其卓著的技术创新并列，意义深远。华为的经营业绩也印证前述和尚分粥故事所包含的哲理——制度创新可以帮助我们达到最佳成效。因此，企业的制度创新不但有必要而且非常重要，但关键问题是创新好的制度并非一蹴而就，而是企业必须通过全员持续创新才能达到目标。

而如何才能创新好的制度呢？综合而言，制度创新必须遵守“从群众中来，到群众中去”的原则，理想、合理的制度的制订和修订时必须注意两个方面：

（1）制度制定者需要多进行社会调查，采集的信息要全面，正、反面信息都要进行比较，要多听听来自不同方面的声音。

（2）制度制定者不能“想当然”，闭门造车，要以事实为依据，不采用惯性思维判断。著名希腊哲学家赫拉克力特曾说：“人一生不能两次踏进同一条河。”意思是：人们第二次踏进同一条河的时候，河流及周围的情况都发生了变化。所以我们要以发展的观点去思考问题。

如果有好的制度和政策，如何保证执行力度和效率呢？

五、制度如何100%执行

我们首先思索一个问题：为什么国外很多发达国家的城市总能保持清洁干净？国外的人民是忠诚老实抑或是他们综合素质高？国外很多企业为何不存在政策执行力问题？这些良好有序的现象的背后，其实就如同国家法律一样，因为这些企业有一套严格的制度执行体系来保障执行的结果。例如，在新加坡乱扔垃圾就会受到鞭刑！在香港禁止抽烟区抽烟一次会被罚款数千元，甚至于被拘留！国外的诚信体系完善，企业员工如有不诚信行为则很难在社会上生存！

事实上，再好的制度如果没有好的执行都没用！再好的制度如果不与经济挂钩都不叫制度，制度中没有明确若不执行或者违反规矩应承担什么样责任后果就不叫制度，如果制度执行过程中没有监控方法就不是好制度。

2012年国庆节期间，海南岛某海滩为何几天就留下几十吨垃圾？为什么中国企业天天在喊执行难，缺执行力？一项好的政策一执行结果就走样了？一直以来，企业制度和政策的执行问题都是企业家最为头痛的问题之一，但如何使制度100%执行呢？为何华为的执行力可以如此到位，而其他企业很难做到呢？华为执行力强的秘决在哪里？

这里笔者综合多年企业管理工作及项目咨询经验，向大家推荐一种非常简单、透明有效的制度100%执行方法——完善的保障执行管理模式和管理体系，供大家参考。

其实，企业可以借鉴交通违章管理制度的思路来构建、完善的制度或政策的保障执行管理体系和创新管理制度。这里以A企业的CQC执行体系的构建过程为例加以说明。

六、A企业CQC体系案例

1. A企业背景介绍

该企业是在中国的美资独资企业，为行业领先企业，员工90%以上都为中国人，但与美国总公司比较，制度执行的结果令人感觉差距很大，制度执行效率低。

2. 彻底解决制度执行——CQC体系

CQC是英文（Check quality control）的缩写，是指质量监督检查，质量又指工作质量和产品质量，在这里是指“执行作业程序文件与标准、工作计划、交办事项（含跨部门的会议决议、部门沟通、临时作业、厂规厂纪遵守与维护等方面的连环品保”。CQC能有效解决制度执行与工作品质问题。是保障过程作业完全符合操作规范。如图7-1所示。

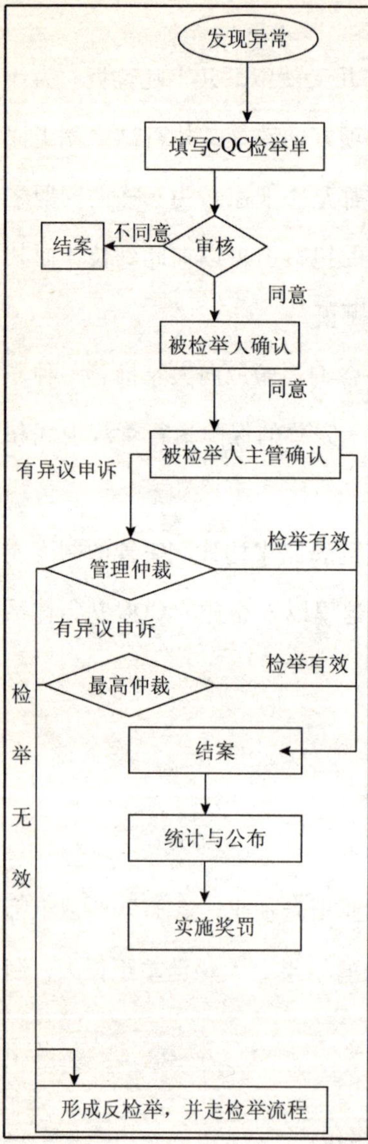

通过 OA 系统之工作品质 CQC 检举单	由发现人依据（工作品质 CQC（连环品保）检举事项/类别明细表开单
	若不同意检举，则结案；同意则走下一步流程
	4 小时内确认完毕，有异议时详细的描述 CQC 表中
	最低为主管级，4 小时内确认完毕，有异议时申请仲裁
年　月第　周工作品质 CQC 检举加/扣分累计表	公平公正，调查后进行裁决，败诉方 2 倍检举，一个工作日内完成，败诉方 5 倍检举，一个工作日内完成
月份工作品质 CQC 明细表	行政专员定期公布
输入工资表进行奖罚	
通过 OA 系统之工作品质 CQC 检举单	由原被检举人开出检举单检举原检举人，并实施检举流程

图 7－1　工作品质 CQC 检举事项流程一览图

3. A 企业 CQC 政策执行后的成效介绍

通过 CQC 体系的实施，企业的管理制度得到全面有效地执行，生产经营等各个环节畅通无阻，不论是产品质量合格率还是生产交期都有质的提高，以前各相关部门之间工作拖拉、互相推卸责任、交期延误、局部及整体效率不高等问题都得到不同程度的解决和控制，员工及部门工作效率和产品品质都得到较大提高。员工工作出错率由以前的30%降到2%，多数制度得到轻松有效的100%的执行。

总之，通过以上A企业CQC政策执行的流程监控及CQC执行前后的结果对比分析表明：该流程监控体系在很大程度上杜绝了CQC政策执行中的漏洞，从根本上保证政策执行力度和效度。因此企业质量管理体系的运营成效得到根本保证。

我们说制度100%执行离不开过程管理和控制，但并非每项制度或政策都需要管理层劳心费力为其执行定制设计完善的流程监控体系，这样不免陷入“头痛医头，脚痛医脚”的惯性思维中去。其实要想系统解决、根治企业管理执行力难题，标杆管理和企业标准化是锐利武器。

第八章 企业标准化——提升经营业绩的“锐器”

多家卓越成功企业实践证明：企业标准化行之有效，是解决企业管理难题、提升经营业绩的“锐利武器”，是世界上多数企业拥有的成功秘诀之一。

深入研究卓越企业之所以业绩领先，其关键密钥在于其标准化管理。标准化为员工做出不平凡业绩成功搭建重要“支撑平台”。解决了怎样做才叫正确？怎样做才叫高效？怎样做才能高效而正确？一般企业中只有精英员工才能完成业绩非凡的工作任务，而在卓越企业里普通员工都可以完成非凡业绩，其中最大秘密在于卓越企业拥有的最有效的管理手段——企业标准化。

从现代工业化的角度看，任何一家企业要实现规模扩张，都必须解决知识传播和学习问题。随着规模扩大，不同部门、不同人员对工作内容的认知会逐渐产生巨大差异；而且随着人员流失，企业内部知识将随之流失或蒙受损失。因此，只要企业想持续发展、扩大规模，就必然需要自身知识的不断累积、复制和使用。也就是说，企业内部的知识必然通过落实到岗位层面和人员具体的活动过程中才能发挥作用，这就是工作标准。一旦工作标准建立起来，并通过行为描述的方式清晰地表达出来，给所有员工树立一个目标和标杆，让员工明确了自身的差距和发展的方向，这自然就达到标准化管理的目标了。

一、我国企业管理需要标准化的原因

1. 中国古代大量的科技成果失传的深刻教训——缺乏知识化、标准化

为何中国古代大量的科技成果都失传了？比如已出土的秦代镀铬青铜剑，表明我国秦代都已经掌握镀铬技术，可现代镀铬技术直到近代才才由西方重新发明并传入中国；而且更不可思议的是，有些科技成果在中国多次重新发明又最终失传，比如指南车，学者金观涛在《兴盛与危机》中将指南车在历代的发明与重新发明情况作了总结。根本原因就在于这些发明创造都停留在了“手艺”或手工阶段，而“手艺”是高度个性化与经验化的东西，其传承方式往往需要师傅带徒弟、心口相传，因此传承关系十分脆弱，很容易失传。在我国浩如烟海的古代典籍中，对技术创造及发明的记载所占比例微乎其微，而且很多描述简略、难窥其详。这一方面与中国文化中对技术轻视的原因有关，但从直观而言，如果经验不加以总结而技术化、知识化、规范化、标准化，就很难进行大规模的传播和学习，同时也就很难进行规模扩充和复制，自然就失传了。

2. 世界优秀企业基业常青、持续创造辉煌业绩的秘诀——企业管理标准化

国内外诸多优秀名牌企业，无一不是以规范促发展的典型，世界优秀企业总有优秀出色的管理方法促进它的稳定发展，总有一流的团队创造新的辉煌。主要原因在于他们建立了严格的过程管理、层级分明、落实到位、防患于未然的标准化管理体系，保证企业得以持续稳定发展，经营业绩才能连创新高。比如，保证麦当劳全球扩张、运营的不仅是其高效的组织运营体系，还包括麦当劳内部知识的累积和复制。“麦当劳”之所以在世界知名，就是因为不管你在全球的哪个国家的哪家麦当劳快餐店，都能吃到味道一致的食品。而且，在相同的条件下，不管你是谁，只要按照食

谱，用量具配放食材和原材料，都能做出味道相同、完全符合标准的麦当劳。有报道说，美国前总统布什表演厨房秀，根据食谱，按照规定的时间，做了一份麦当劳，味道完全符合标准。这告诉我们：量化、标准化的东西就好操作，站得住脚，叫得响；而定性描述的诸如“适量”、“少许”之后的东西则往往因为标准的不同，不好把握，从而也不容易形成规模、创建品牌。

3. 企业管理标准化是企业完成企业社会责任的需要

企业生产产品，供社会上消费者使用，从而获取合理的利润。标准化管理企业除了保证企业完成自身盈利目标以外，更要注重自身的社会责任。具体如下：

（1）企业层面：企业生产规范化，要求企业各部门按照标准化要求生产合格产品，其必然要求企业标准化管理。

（2）市场消费者层面：企业生产的产品必须符合标准要求，才能在市场上允许消费。

（3）国家和社会层面：国家和社会都希望企业生产的产品都按照标准要求，让人们用得放心。只有全社会都关心重视、大力推动“标准化”工作，才能提升整个标准化水平，大家的生活质量才能提高。

（4）产品生产过程层面：企业不能依靠事后检验来保证质量，而需要工序设计标准化，防范“不良”产品出现。产品质量是通过生产环节管理实现的结果，而不是事后检验出来的结果。事后检验等于“死后验尸”，不能保证和改进既成事实的质量状况。标准化注重过程控制，将质量不良等问题“消灭”在生产过程之中。

4. 企业管理标准化帮助解决企业管理十大难题的需要

企业管理不规范带来的管理问题需要管理方法来解决，企业家和管理者常常面临的苦恼是企业管理中问题太多，方法太少。目前“折磨”企业家的十大难题，综合描述表现如下：

（1）大事小事，都得紧紧盯着，不能放手，稍不留神就出了乱子，稍一松手就没了效率。

（2）很多好的决策，因为组织执行不力、组织运行效率低下而最终成了一纸空言，让人扼腕而叹。

（3）该管的事没人管，该做的工作没人做，出了问题没人负责，或者机构臃肿低效，造成人员和资源浪费，令人痛心。

（4）员工的心似乎总是难以与企业一致起来，都只是想自己的利益，没有人不讲条件地积极工作，没有人肯负责，都是能推就推，不能推也仅仅是为了逃避责任而应付应付。

（5）工资、奖金没少发，但就是激发不了员工的积极性和创造性，不仅如此，甚至还因为发得不公平而引起一些人的不满，让一些员工失去了原有的积极性。

（6）员工好像都很努力，绩效考核也挑不出什么毛病，可总不见企业经济效益的改善和提升。

（7）企业有响亮的口号、激昂的厂歌、漂亮的厂徽，可不见效；在企业文化建设上没少花钱，可从来没有让人感觉到有什么经济上的效果。

（8）企业上下层的意志行为总是难以统一，甚至日常工作都不得不通过强权高压、严厉惩罚来勉强推动，企业老板和高层主管时时处在救火状态，好多重大事情都无暇顾及。

（9）企业发展的人才瓶颈得不到解决，花大本钱培养的人才，翅膀一硬就飞了，企业落得人财两空，而高薪从外面挖来的人，不仅在薪资、地位上很难从内部平衡，而且还久久不能融入到原有团队中，工作效率、经济效益反而更低了。

（10）部门之间互不买账，各吹各的号，各唱各的调，有利都来争，有过、有责都相互推诿。

出现这些困惑的根源在于企业缺乏有效的知识管理体系和标准化管理体系。要完善企业的知识管理体系，一方面要有目的有计划地引进先进的管理方法及专门技术，另一方面要重视员工实践当中的经验教训的收集和整理形成标准化，这包括设计标准、工艺标准、质量标准、检验标准及设备制造标准等。要把他们形成企业的知识财富。企业共享，也让后来的员工更好地站在前面员工创造的“肩膀”上发展、传承、发扬。

5. 企业标准化是我国企业发展国际化、提升竞争力的需要

有研究表明：用制度管人、按制度办事是所有成功企业共同的特点，规范与制度是企业必不可少的软件设施，也是企业得以正常运转的基石。因为企业是由各类人员组成的组织，而人的复杂多样的价值取向和行为特质，要求企业必须营造出有利于企业理念和价值观形成的制度和文化环境，并约束、规范、整合人的行为，“用制度管人”、“按制度办事”，使其达成目的的一致性，有助于企业共同利益的实现。同时，企业作为一种特殊的组织，不仅有其相应的管理模式，而且其相应的管理模式必须与相应的管理制度相配。按照一定的制度来管人和办事，遵循一定的流程，不仅能够提高工作效率，而且能减少和降低因人为因素而造成的失误。如果企业没有合理的执行体系和标准化的工作制度，没有把日常管理中的每个细节通过制度的方式落实到实处，就会形成表面化的管理，从而影响组织效率进而削弱企业的竞争力。

21 世纪是知识经济时代，企业国际化发展是顺利发展的必由之路，特别是中国加入 WTO 以后，中国经济与国际化接轨的速度和压力也越来越大，越来越多的中国企业走向国际市场参与竞争，而中国也迫切需要培育一批具有国际化运作水平的企业来提高中国企业在国际市场上的竞争力。因此，中国企业面临着制度化、规范化的严峻挑战，需要中国的企业管理

者以改革的勇气摒弃人治思想，把制度化、规范化作为企业发展的重要战略，只有依靠规范化的制度才能使企业与国际接轨，才能增强竞争力，从而在激烈的国际竞争中立于不败之地。

二、什么是管理标准化

1. 企业管理标准化的内涵

企业管理的终极目标是提高劳动生产率。企业管理标准化就是最大限度地挖掘员工的集体智慧，把员工多年实践积累大量的经验、知识、技能和诀窍进行归纳和整合，将企业多年来经营成熟的材料、零件、设备、制品、工作及服务等的说明书、作业方法、业务手续等管理经验进行总结和整理，为企业的内部运营建立统一的标准，然后概括为规律和守则，以标准、规格或规定等方式进行书面表达，这个过程称之为企业标准化，用来指导企业各项生产经营及管理活动的依据。

只有实行标准化，才能使员工最大可能性地使用更有效的工具，采用更有效的工作方法，达到提高劳动生产率的目的；只有实现标准化，才能使工人在标准设备、标准条件下工作，才能对其工作业绩进行公正合理的评估。

通过实施标准化管理，可以高效率地组织和利用企业生产全过程的各个要素和环节，使各项工作活动达到规范化、科学化及程序化，构建起生产经营的最佳秩序。企业在此基础上不断进行改进和标准化，达到提升整体管理水平、提高管理效率以及降低管理成本的目标。

2. 标准化的重要性

（1）标准化是企业一切管理活动的基础，统一员工的行动步骤，实现高效管理。

（2）标准化有助于明确员工的责任与权限，使全体员工彻底明确和了解企业经营方针。

（3）标准化实现员工的个人技术成功转换为企业技术。

（4）标准化使企业各项业务有效运营，达到合理化，效率化。

（5）标准化实现企业的工作流程统一化、产品品质稳定化、管理安定化和问题显著化。

3. 标准化的特征

（1）标准化是目前企业界公认的代表目前最好、最容易与最安全的工作方法。

（2）标准化是企业保存技巧和专业技术的最佳方法。

（3）标准化为评估和衡量绩效的提供可靠的基准和依据。

（4）标准化是现场改善工作的基础。

（5）标准化为企业培训提供目标依据和目的，是防止问题发生及变异最小化的方法。

企业界有人形象地形容：创新改善与标准化是企业提升管理水平的发动机。改善创新是使企业管理水平不断提升的驱动力，而标准化则是防止企业管理水平下滑的制动力。没有标准化，企业不可能维持在较高的管理水平。企业要实现精益生产，作业标准化也是一个必要的基础工作。

4. 标准化的作用

综合起来，企业实施标准化管理体系，有如下作用：

（1）标准化管理能有效提高企业员工的工作效率，使员工工作更规范化，科学化，标准化。标准化管理有利于打造完美的团队，使平凡员工可以做出非凡的业绩。

（2）标准化管理有利于将个人的经验（财富）转化为企业的财富，有利于企业知识经验积累，完善知识管理体系：把企业内的成员所积累的技术、经验，通过文件的方式来加以保存，而不会因为人员的流动，整个技术、经验跟着流失。

（3）标准化管理有利于提高企业运作的效率：有了标准化，每一项工作即使换了不同的人，也不会在效率与品质上出现太大的差异。不同的师傅将带出不同的徒弟，“尽量减少管理，尽量自主管理”才符合人性要求的管理法则，只有通过实施工作标准化才能发挥的淋漓尽致，省却了许多无谓的请示、命令、询问，管理系统才能高效率地运作。

（4）标准化管理有利于防止重复犯错。对已经出现的问题进行标准化规定，形成文件让所有人对问题的发生和处理进行了解，能够有效防止再发。

（5）标准化管理使管理过程易于控制，结果易于保障：明确现场各阶层对活动之责任与权限，使现场主管作业进行顺利，且易于下达命令、指示、指导、监督；在推进了标准化的工厂，如果一项不好的操作导致一个问题的出现，就可以让其重复操作来确定问题的责任——是作业指导书不好还是操作者未按指导书操作。明确责任后，人们才有可能对今后工作进行改进。

（6）标准化管理有利于知识经验传承和复制：对作业员之作业训练易于进行，使作业员在短期之内做好正确之作业；有人辞职时，新人很快能够了解工作，而加入工作之行列。

（7）标准化管理有利于处理问题时避免不必要的争议。对于一个问题的处理，不同的人有不同的立场，经验，观点等等，从而导致问题处理的结果五花八门，引起争议。标准化管理可以避免争议。

（8）标准化管理有利于提高企业整体综合素质：增强企业市场竞争力；利于推进企业管理与国际规范接轨。

（9）标准化管理是实现企业管理现代化的重要途径。

三、企业构建标准化管理体系的原则

综合起来，企业构建管理标准化体系有以下五大原则：

1. 目的性原则

（1）理清思路、理顺关系、建立体系，指导生产、服务有法可依、有章可循、有据可查、有错必纠、有洞必补。

（2）标准、规范性文件客观存在，对零散的、各自为政的、不够协调的标准及管理系统加以整理改造、整合。

（3）以最少的标准去覆盖最大的范围，扩大标准的适用范围，减少不必要的重复或多样化。

（4）打好基础，再上台阶，标准化的目的是追求最佳秩序和最大效益。

2. 系统性原则

（1）五M——人力资源、机械设备、材料、法规制度、环节流程。

（2）四流——人流、物流、信息流以及资金流要合理安排流速、流向。

（3）实现系统地全过程、全方位管理。

（4）实现全员参与。

3. 层次性原则

（1）标准化管理不是简单的标准文件的集合，比如规划蓝图不等于库存标准目录等。

（2）个性化的标准应在底层，共性的标准则上升到上一层（起指导、制约作用）。

（3）标准化管理体系中每层（子体系）都可能有标准。

4. 协调性原则

企业标准体系内，上、下层次的标准、同层次的标准、技术标准、管理标准、工作标准等等与其他管理体系保持一致、协调，同时要与国家法律、法规及上级标准保持统一和协调。

5. 科学性原则

企业标准化管理是借鉴先进管理模式的思想理念建立起来的起引领作用的系统管理体系（整体功能），包括重要流程的过程方法（PDCA）体系、关键控制点（CCP）体系、合格评定体系以及持续改进体系。

四、构建企业标准化管理体系的流程

企业标准化管理体系的构建过程实际上是在企业方针及目标的前提下，遵循以及企业适用的法律、法规和规章制度的基础上，构建企业标准化管理规定和基础标准。如图 8－1 所示，主要包括三大标准体系的建设：技术标准体系、管理标准体系以及工作标准体系。

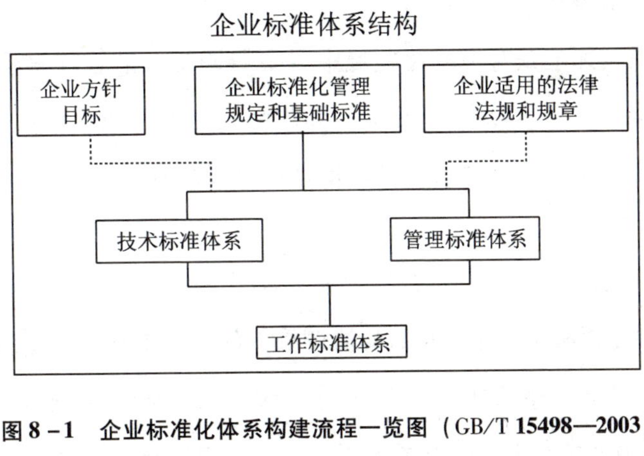

图 8－1　企业标准化体系构建流程一览图（GB/T **15498—2003**）

1. 技术标准体系的构建

该阶段实际上是对技术活动中需要统一协调的“物”制定的技术准则。这里的物既可以是“有形”的物（如产品、材料、工具），也可以是无形的“物”(如程序、方法、符号、图形)。一个典型的企业技术标准体系的内容,如图8-2所示。

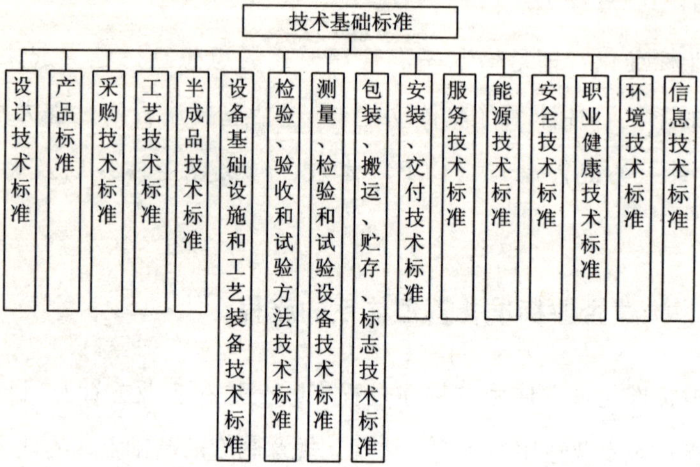

图8-2　企业技术基础标准的内容一览图(GB/T 15497—2003)

2. 管理标准体系

该阶段实际上是对标准化领域中需要协调统一的管理事项所制定的标准。标准化管理事项的作用在于帮助企业合理行使管理职能的准则,是组织和管理企业生产经营活动的依据和手段。具体内容可参加图8-3所示。

3. 工作标准体系

该阶段是对标准化领域中需要协调统一的工作事项所制定的标准。该体系是针对“人”的工作、作业、操作或服务程序和方法进行标准化。是“人”的行为准则和工作质量基本依据。主要内容包括管理、操作和服务岗位职工的岗位职责、工作程序、工作内容与要求、工作质量考核等方面的标准。具体如图8-4所示。

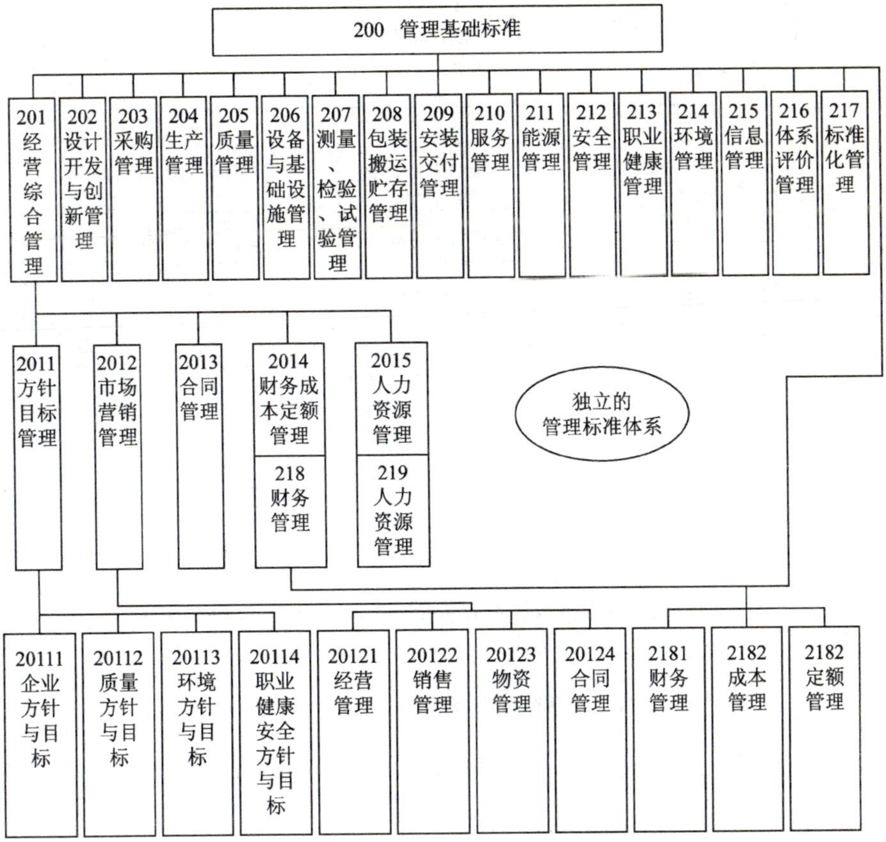

图 8 –3　企业管理标准体系的内容一览图

五、企业标准化管理体系的编制

1. 标准化体系要素的确定

（1）完整——基本涵盖企业主要技术（或管理、工作）事项。

（2）齐全——根据本企业的特点，满足企业生产、经营服务的需要，要够用和惯用。

2. 企业业绩创造过程的设计原则

（1）了解识别过程和其他过程之间的关系。

（2）掌握相关方的主要需求。

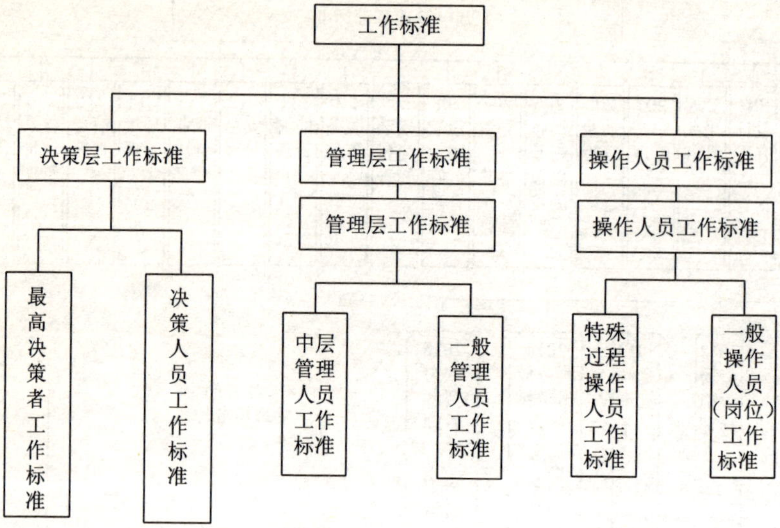

图 8-4　企业管理标准体系的内容一览图（GB/T 15498—2003）

（3）明确过程的输入和输出的要求。

（4）通过过程有效性测量、分析和评价来改进和完善更新过程。

（5）利用新的技术提高过程有效性和效率。

（6）如果符合要求便确认新的过程，如存在差距重返设计阶段，重新确认。

3. 业绩过程要求的确定

一般情况下，根据企业整体目标实现的重要性，确定主要业绩创造过程为：产品设计和开发、产品实现过程、采购过程、检验过程、销售与市场管理过程。业绩过程要求是过程设计的依据，其要求来自于顾客和利益相关方对质量、生产率、成本、周期时间、准时率、应变能力等，这些要求尽量是清晰、具体、量化，便于可测量分析。在了解顾客及利益相关者的主要需求基础上，结合企业实际，确定以下主要业绩创造过程的要求（见表 8-1）：

表8-1　企业业绩创造过程的要求及测量目标参考样表

价值创造过程	识别的过程要求	目标与测量指标	测量方法
产品设计和开发	对市场变化做出快速反应，及时开发顾客要求的产品	新增产品专利数5个	统计分析
		新产品开发计划完成率100%	统计分析
产品实现过程	产品质量指标	符合标准要求	仪器分析
	生产出顾客满意的产品	顾客对产品的满意率大于90%	统计分析
	按生产工艺生产	工艺执行率达100%	统计分析
采购过程	原料质量安全	供方生产许可证	按质量手册规定
	原材料合格率	原辅料合格率大于98%	统计分析
	原材料供货及时率	供方交货准时率大于98%	统计分析
检验过程		合同履约率100%	统计分析
销售与市场管理过程	开拓潜在顾客市场，增加市场份额，提高顾客满意程度	货款回笼率98%	统计分析
		新客户销售额占总销售额比率大于8%	统计分析
		满意度大于80%	统计分析
		顾客投诉闭环率95%	统计分析

（1）产品设计和开发过程：通过客户订货合同、市场变化收集顾客需求与潜在需求，通过与同行的交流掌握行业、新技术发展动态以及国家政策导向，通过内部信息传递，获得企业自身发展信息，对所有信息进行分析，识别产品设计和开发过程。

（2）产品实现过程：根据客户对产品的质量特性、质量标准及特殊需求，结合社会各界其他相关方对产品生产过程的需求和期望，确定产品实现过程。

（3）采购过程：根据产品生产要求、营销合同以及企业的生产运作特点确定采购过程的主要要求。

（4）检验过程：根据产品实现过程的主要特点，确定产品的检验主要以点检和成品检验为主。

（5）销售与市场管理过程：通过高层领导、营销人员、质量技术及负责生产的人员对客户的走访、客户座谈会、交流会以及各种沟通方式等获得多层次的信息，经过分析、识别，改进过程和产品的需求，以满足顾客的要求。

4. 企业业绩过程设计流程

（1）来自各利益相关方的过程要求，特别是重要、关键和特殊的过程要求。

（2）均衡考虑上述所有要求，并尽可能最佳地融合或兼顾这些要求。

（3）搜索和考虑如何有效利用新技术和组织获得的有关信息。

（4）按计划进行相关过程详细设计。

（5）进行过程链或过程网络的设计，优化过程间的接口，并充分考虑进程并行的可能性，以最大限度地增进过程的效率、效果以及敏捷性。

（6）进行过程试运行，验证其能否达到过程的主要、关键和特殊要求，如能，转入正式的过程实施；如不能或者过程要求有了显著的变化，则进行过程的重新设计。

（7）企业业绩过程设计一般有以下输出结果：

1）流程图：一般流程图或职能展开矩阵流程图。

2）由过程要求转化的过程输出绩效指标。

3）文件化程序、指导书或计划。包括对人员、设备设施、物料、方法、环境、测量系统等过程因素和资源的要求，所要求的验证、评审、确认、监视、检验和试验活动，所要的记录。

5. 企业业绩过程控制实施和持续改进——戴明管理模式（PDCA 模式）

企业业绩过程控制实施和持续改进通常采用著名的戴明管理模式（PDCA 模式），如图 8 -5 所示：

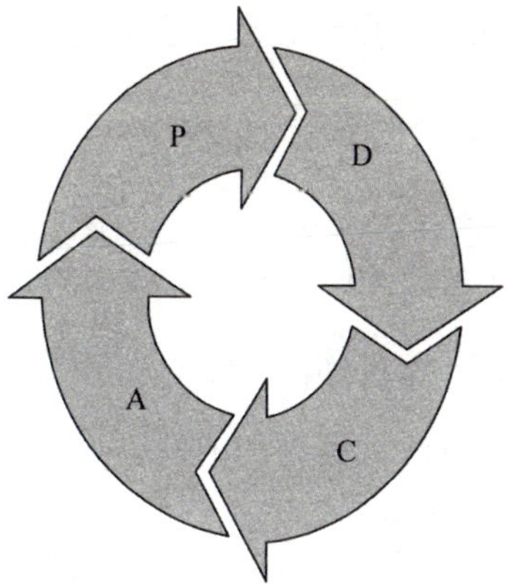

图 8 -5　企业业绩过程控制实施和持续改进一览图

（1）P（策划）：① 对影响因素（发生源）进行识别和分析或引出危害分析，评价其危害和风险。② 确定关键控制点（CCP）确定目标和指标，建立和确定每个 CCP 相应的临界值。③ 制订监控程序（管理标准），明确职责（由谁监控 、何时监控）。④ 确定操作规程（工作标准）。⑤ 记录，建立相关的记录、报告、报表；记录要求；记录管理。

（2）D（实施）：① 培训学习、宣贯标准。② 标准实施，体系运行。③ 运行控制。④ 信息交流。

（3）C（检查）：

① 监视和测量。

——产品或服务的特性；

——生产过程。

② 自我评价。

——建立标准明确程序；

——一般一年一次;

——管理评审由最高管理者主持(7.17.4 a)。

③ 外部确认。

(4) A(分析和改进):① 纠正和预防措施。② 标准、文件修改。③ 企业标准体系健全完善。

6. 标准的编写

(1) 编写顺序，可参照 GB/T 1.1—2000 的规定：例如，管理标准：(封面)、(目次)、前言、(名称)、范围、规范性引用文件、(术语和定义)、职责、管理内容与方法、报告和记录、必要时可增加附录:

(2) 格式:

① 参照 GB/T 1.1 的规定(6.1.1)。② 当管理标准作为其他体系的部分时，可采用相应的体系的格式(6.1.2)。③ 表格、程序或流程图。④ 结构和编写规则应有依据。

注 1:采用其他格式时，尽可能兼顾到 GB/T 1.1 的要求(如引出句、列项)。

注 2:或同类文件格式一致。

(3) 名称:① 应简明。② 确切地反映标准的主题。③ 相关管理活动的主题与“程序”、“控制”、“办法”、“制度”、“标准”等的组合。④ 岗位、工种或职务名称加“工作标准”、“作业标准”、“作业指导书”字样组成。

(4) 内容:明确每个过程中各项工作由谁干、干什么、干到什么程度、何时干、何地干、怎么干——目的性原则。

① 例外、特殊或紧急状况。

② 尽可能量化——性能原则。

③ 检查考核方法——可证实性原则；台账记录、报表、报告。

（5）工作标准编写：

1）表现形式：

• 岗位职责范围（岗位责任制、应知应会、职责权限）。

• 作业指导书（操作规范、规程）。

• 岗位职务说明。

2）编写原则：

• 最高决策者及决策层其他管理人员，每个职务应制定明确的职责权限。

• 中层管理人员，正职和副职的职责和权限都需要制定。

• 部门工作标准，可用部门正职管理人员的工作标准代替。

• 一般管理人员工作标准应按岗位制定，不按现实分工制定，其职责、权限体现在工作标准中。

• 操作人员岗位通用的工作标准。

• 特殊工序过程操作人员的工作标准。

• 操作人员的职责、权限应体现在具体的岗位工作标准中，应按工种制定操作规范。

7. 工作标准化的实施

（1）学习遵守标准的意识。

（2）理解标准化的意义。

（3）部门领导要现场指导跟踪确认。

（4）标准作业的方法要显示在很显眼的位置（自己可以经常看到的地方）。

（5）接受别人的质疑。

（6）对违反的行为要严厉地指责。

（7）不断的完善。

（8）要定期的检查修正。

（9）向新的更完善作业标准挑战。

六、企业标准化管理体系实施过程分析

企业高效实施业绩创造过程，以确保满足设计要求，并确定业绩创造过程的主要绩效测量方法和指标，在管理这些过程中，应用过程测量指标和使用相关方的信息，使业绩创造过程整体成本最小化，确保这些过程的日常运行满足业绩创造过程的要求。

1. 产品设计和开发过程

由聘请专家、企业高层领导、技术部人员共同讨论确定产品设计开发的要求，通过不断地总结经验，把成功经验融合到设计的整个过程。产品设计与开发过程的主要绩效测量指标（见表业绩创造过程的要求及测量目标表）。

开发人员对试制过程、试制产品的质量全程跟踪，随时调整工艺，以减少产品缺陷，使过程成本最小化。

2. 产品实现过程

依据相关程序文件和作业指导书实施控制和管理，对作业人员进行严格的培训，依据质量标准和作业指导书，借助控制系统进行生产过程控制，操作工、分析工根据仪表对所有关键控制点进行检测，检测结果与质量指标进行对比，再按照操作文件中规定的控制调节方法进行调节使整个生产过程处于受控状态。主要绩效测量方法与和指标（见业绩创造过程的要求及测量目标表）。

对生产过程的各个要素进行分析，系统的制定目标指标，逐月进行统计并进行考核，确保制造成本控制在预算范围内。通过技术改造和技术创新、QC 小组等活动激发和调动全体员工节约成本的积极性，提高产量和

生产效率，降低消耗和控制费用。

3. 采购过程

通过《采购文件》的有效运用，对供应商每月进行考核评估和及时监控，保证原材料采购的及时性和质量，通过现场评定、对样品检测、小批量试用、批量采购、服务质量评定、动态调整定期招标，保证采购原材料的质量和合理的成本。

（1）供应链管理过程的主要绩效测量方法和指标。实施目标管理，将采购过程主要绩效指标列入年度目标中，对相关部门进行考核，结果与年度绩效挂钩，主要绩效测量方法与和指标见前文中表8－1。

（2）过程成本最小化。为防止原材料不符合要求带来的风险，对供货商的资质、质量保证能力、供货能力进行考核：对提供的样品进行检验，合格后由质量检验部门与生产部门进行小试，质量检验部门出具试验报告后，供应部门才批量采购。按“与供方互利关系”的管理原则，与主要应建商建立长期、紧密、互利战略伙伴关系以获取稳定的货源和稳定的价格。

4. 检验过程

原材料和成品入库前由专职检验员检验，中间过程由操作工和检验员抽检，及时发现不合格的工序；最终成品检验由专职发货检验员检验，质检部长确认。

5. 销售与市场管理过程

从合同评审、签订销售合同、安排生产计划、计划执行到产品交付和售后服务，遵照现代企业营销体系，建立并实施一整套控制程序，从客户需求到产品交付实现整体营销闭环管理。销售过程的主要绩效测量和指标见前文中表8－1。

要达到销售成本最小化，须将控制营销费用、加速货款回笼等纳入目标管理，建立产品定向发放、跟踪机制，加强对产品储运和防护方面的监督，预防过程缺陷，加强对顾客的技术支持和服务。

七、业绩创造过程的改进

企业不断评价业绩创造过程实施的有效性和效率，不断改进业绩创造过程，减少过程波动，使过程与战略规划和发展方向保持一致，并在各部门和各过程分享这些改进的成果。规定过程改进的结果列入企业的知识资产，在各部门和过程中分享，并可与顾客、供方和合作伙伴，以及在行业内或跨行业分享，促进社会发展。

通过管理评审、年中、年终会议组织评价业绩创造过程实施的有效性和效率，不断改进业绩创造过程，减少过程波动，使过程与经营需求和发展方向保持一致，并在各部门和各过程分享这些改进的成果。企业在实施IS09001、IS014001、OHSASl8001的基础上，进一步优化流程的设计和重组，依据《纠正预防措施控制程序》文件，纠正过程的不合格，持续改进企业质量管理体系，提高过程运行效率和有效性。

1. 采购过程

对供方进行必要、及时的评审，选取合格供方，保证原材料的供应。与供方建立良好的合作关系，确保货源稳定、及时供应，为高效生产、控制成本提供了可靠保证。

2. 产品实现过程

通过收集市场信息、与大专院校的合作、与客户的交流识别改进机会。把对产品实现过程的改进项目列入年度目标中，作为对管理人员、技术人员的考核内容，各生产区域每季度进行一次体系检查，应用“PDCA”循环，制订方案，组织改进，检查、评比效果，通过连续循环改进取得不断上升的进步。鼓励技术人员和全体员工参与过程的改进和创新，在企业广泛开展合理化建议、QC 小组活动等群众性管理活动。

3. 销售与市场管理过程

根据顾客需求变化不断改进营销过程管理，利用体系审核以及内部审核等活动识别改进机会，每月举行一次经营分析会，与生产等相关部门分享客户要求等信息。

4. 产品设计和开发过程

产品设计和开发过程的改进主要体现在以下两个方面：

（1）产品开发，利用先进的设计理念开发高效、绿色环保健康的产品。

（2）技术创新，通过技术创新使新技术、新工艺迅速得到应用，做到进一步优化工艺、高效生产、提高产品质量、降低生产成本，达到更好的绩效。

5. 检验过程

原材料和成品入库前由专职检验员检验，中间过程由操作工和检验员抽检。及时发现不合格的工序，及时改进，不影响成品的质量。

八、标准化管理体系运行

标准化管理体系是一种包括现有和未来应发展标准的全面蓝图，根据上级标准制定企业标准，实际执行的是企业自己的标准，则上级标准不需列入企业标准体系，应编制企业标准化管理办法。其具体运行可参照以下步骤进行：

（1）企业标准体系文件的培训。

（2）标准体系有关标准的分发，保证标准执行的相关者得到有关标准和资料的现行版本。

（3）标准的实施和监督检查，实施各项标准，监督检查计划；按标准要求建立规范的记录并保存记录；对标准实施中发现的问题要及时纠正，采取纠正措施，对可能发生的问题应采取预防措施。

（4）开展标准实施的监督检查：产品、过程、工作考核。

中国企业虽然在技术、管理及产品上做了不少标准化的工作，但是很多高层领导仍然感慨与国内外强势企业差距非常大。主要原因在于：很多组织中的一些所谓标准常年不变，没有更新升级，则证明它多年没有发展、停步不前。而国外先进企业将行业及组织内部自主发现的最佳实践、最科学的标准、最规范的细节、最易行的方法来实施“对标管理”，并在全组织共享、内部推广、全面掌握、完全落实到具体岗位标准、具体人员上，而当这种标准日益成为组织的日常行为时，该组织离卓越的水平也就不远了。

华为总裁任正非有一次“著名的反思”，他说：华为的干部、员工吃苦耐劳、战斗力强就像八路军，但是我们十几位中高层干部连续加班十几天还没做好的事，与我们合作的香港公司的一位女秘书十分钟就做完了，原因是香港公司的标准明确，而且女秘书在工作中大量使用“工作模板”。显而易见：中国企业运营中的低效率莫过于此，其根本原因也在于缺乏标准化。中国的经济总量已经超越日本，但是我们的单位成本、能耗却是日本的三到五倍，为何差距如此之大呢？大多数人认为中国企业的优势在于“劳动成本”低，即工资低，而细究下来，中国人的工资相当的高，至少大陆地区比香港高。你看香港的女秘书工资是很高，一个月几万甚至是十几万，但是她做工作所需的十分钟才合几百块钱？大陆企业的十几位中高层人员的月工资就按三五千元算，十几个人花上半个多月是多少钱？恐怕是香港的几百倍甚至几千倍了，“效率成本”是大多数国内组织没有关心的。

我国企业界要经常思考岗位的问题和不足，同时向所有成功的实践经验（标杆）去学习，就会发现：创立高效的工作标准，能够更有效地督导员工完成任务，这就是“标杆管理”。简而言之，就是对照更优秀的标准，找到切实可行的方法，提高工作绩效。而全方位创造“工作模板”，使之不断升级标准才是解决“效率成本”问题的唯一途径，这正是标杆管理的真正目标。

我国企业要提升经营业绩，首先需要提倡标杆管理思维，开拓视野，从不同的行业领域寻找一些全新的最佳管理实践方法，实现最佳方法的创造和“标准的创造”，从优秀到卓越。

第九章　标杆管理

一、什么是标杆管理

标杆管理已被欧美企业界公认为是目前改善企业经营绩效、提高全球竞争力最有用的管理工具。标杆管理又称基准管理，标杆管理的核心目标是向业内或业外的最优秀企业学习。其内涵指企业通过选择同行业内或其他行业的领袖企业作为标杆或基准，在管理实践中，将产品、服务和经营管理方式与标杆进行比较和衡量，找出自身的差距和不足，从而提高自身产品质量和经营管理水平，增强企业竞争力。通过标杆管理和与领先企业的对比，企业重新思考和改进经营实践，这实际上是模仿创新的过程。因此，标杆管理的关键在于选择业界优秀企业作为最佳比较目标。

标杆管理之所以风靡世界，其根本原因在于它能直观地给企业管理带来实效。标杆管理提供一种可行、可信的奋斗目标，以及追求改进的思路，让企业管理层发现新目标以及寻求实现该目标的手段和工具，具有合理性和可操作性。标杆管理的实质在于标杆企业提供产品、服务或流程方面的最高标准，让企业管理层非常明确差距，然后作必要的改进来达到或接近这些标准。标杆管理是一种摆脱传统的封闭式管理方法的有效工具和方法。

二、企业选择使用标杆管理的时机或条件

综合起来，企业在以下种 15 情况的任意一种或多种出现的时候选择使

用标杆管理都将获得立竿见影的效果。如表 9 - 1 所示。

表 9 - 1 企业选择标杆管理的合适时机或条件

	选择使用标杆管理的合适时机或条件
1	企业想重新夺回被竞争对手所夺去的市场份额
2	高层在企业中推广某职能部门的有效的经营管理实践经验
3	企业的日常运营成本居高不下时
4	企业想找出自身与竞争对手在绩效方面的差距时
5	企业面临业绩下滑之时
6	企业管理层实施改进计划时
7	企业决策层需要明确本企业与世界一流企业相比的差距有多大，向世界一流企业学习的时候
8	企业提高利益相关者的满意度的时候
9	企业需要明确自身亟须改进项目的时候
10	企业需要了解组织的优势与劣势的时候
11	企业需要克服管理层的骄傲自满情绪的时候
12	企业需要检验自身组织战略的有效性的时候
13	企业需要给组织的思想输入新的“血液”的时候
14	企业需要保持竞争优势必须实现绩效水平的重大突破的时候
15	企业需要为自己设定富有挑战性且现实可行的目标以及确定组织目标如何得以实现的时候
16	企业感觉竞争对手将新产品推向市场的速度明显快于自己，或者产品质量与竞争对手相比相差甚远，需要洞察即将发生的技术变革与管理实践的时候
17	企业需要搜集有关竞争对手未来的战略以及资源投入计划的信息的时候

三、标杆管理的常见类型

通常情况下，按照标杆管理的目标与作用，标杆管理可分为三类，如表9－2所示。

表9－2　标杆管理的类型一览表

标杆类型	内涵说明
操作性标杆管理	注重企业整体或某个环节的具体运用，以找出达到同行最好的运用方法。从内容上可分为流程标杆管理和业务标杆管理。流程标杆管理是从具有类似流程的企业中发掘最有效的操作程序，使企业能通过改进核心过程来提高业绩；业务标杆管理则是通过比较产品和服务来评估自身的竞争地位
战略性标杆管理	跨越行业界限寻求绩优企业成功的战略和优胜的竞争模式。它是在与同行业的最好企业进行比较的基础上，从总体上关注企业应如何竞争发展，明确和改进企业战略，提高企业战略运用水平。这种模式需要收集各竞争者的财务和市场状况进行分析，进而提出自己的最佳战略
国际性标杆管理	国际性标杆管理的实施可分为三种情况：首先，外国竞争者威胁企业的传统优势市场。在经营运用中，一些企业会突然发现，相对于全球的竞争对手自己处于明显不利的位置。这时就需要进行标杆管理，迅速找出问题所在，实施防御和攻击战略。其次，进入新的外国市场或新产业。通过标杆管理了解最成功的企业是怎样进入某一外国市场或产业的，以解决进入新市场的困难与问题。第三，避免企业与几家外国和国内企业的竞争陷入胶着状态。通过标杆管理，可以帮助企业从竞争者和最好企业的运用中获得思路和经验，冲出竞争者的包围，最终超越竞争对手

四、标杆管理的“四化”与“三大项”

1. 标杆管理的四化：标准化、系统化、数据化、模板化

（1）标准化：保证管理的科学合理性和易实施性。

企业中的规章制度、员工手册或者操作手册、管理流程图等等需要进行一些标准化处理，才能保证它的“科学合理性”和“易实施性”。很多企业中的一些标准常年不变，也没有得到及时的更新升级则说明该企业的标准多年没有发展、停步不前。

（2）系统化：解决各标准之间的关联的科学性。

标杆管理的系统化指的是各种工作标准从战略分解开始，一直到每一个执行环节是否紧密关联，而非某些领导“想起一出是一出”、“随意性的”的临时安排。

（3）数据化：保证关键环节工作标准可衡量、可评估。

标杆管理并非要求所有的工作环节都要进行量化管理，但有些关键环节必须量化，否则极易出现纰漏导致无效结果。

（4）模板化——保证各关键环节的执行有明显的参照标准、科学化。

2. 三大项：标杆标准、要素指标分解、要素保障系统

（1）标杆标准：保证管理目标的科学合理性。

标杆标准也称为“基准目标”，指不仅要定目标，如何确保目标的科学合理性是首要工作，只有通过“立标”和“对标”，才能够确保目标的科学合理。

（2）要素指标分解：将大目标进行多次分解，直至分解成为若干小目标和小环节。

所有项目中的大目标如果不易实现，而小目标极易实现。可以将目标的所有必要条件、各项资源有效地拆分，分解成若干完整的管理模块，再

将这些模块细分成若干个小工作环节。将这些小目标、模块和环节中的关键点体现为量化的数值，称之为“指标”。

（3）要素保障系统：针对大目标中的所有小而重要的问题设计出有效的执行保障体系。

如果大目标中的小问题都得到有效保障，那么最初预定的标杆标准必然得以实现。因为标杆管理最符合客观规律，因而它可以解决管理中的各种问题，从战略到执行，无论哪一类管理项目，都离不开“标杆标准、要数指标分解、要素保障系统”这三大项目，只有明确这三项内容，运用得当，在管理中就不怕难题出现。

五、实施对标管理的五种策略

1. 基准完善，自我挖潜

如果受所有权体制、资源条件等局限，企业的对标工作陷于困难时，可以选择某些自己的关键产品、管理模式、服务方式及业务流程等环节作为内部标杆对象。在不影响原有机制、组织结构、人员条件的情况下，完善自身工作中缺失的标准，删除原有的不增值环节。一般仅可达到5%～15%的收益，比如成本降低、周期时间缩短或次品率降低、投诉率减少等等。如果有效实施内部标杆管理，简单易行，一般都可以获得不低于10%的利润增加

2. 标杆模仿，学习跟进

单纯的对标模仿容易操作，收效很容易预期，比较适用于对标某单项先进的业务流程或产品、服务标准，一般能降低20%～40%的成本、周期时间和错误率，或在此模块上提高效益。如果不了解标杆管理的深层运作机理、标杆对象的企业文化环境，只是盲目地从浅层次进行对标模仿的话，反而风险更大。现实实践中，如果没有科学合理的标杆管理体系支

持，没有将标杆指标层层分解到位，企业永远无法做到海尔的“日清日高”、丰田的“JIT”，更不能测算每一个岗位的价值及资源占用与产出比，做到专业化的损益核算。

3. 突破式对标，创新再造

突破式对标也叫异业对标，指的是跨行业对标，在某个经营模块上，学习并采用外行业的优秀模式。从国外管理专家获得数据，当标杆项目综合使用外行业卓越企业的优势方法，就会产生创新，一般能降低30%～60%的成本周期时间和错误率。而且突破式对标管理的操作比前两种策略更加简便宜行。不过该策略往往需要借助外部指导专家，并且要取得巨大收益的话，先期专家团队费用投入是一个难题，而且对企业决策层的支持力度的要求也比较高，如果领导授权和重视程度不够，该策略不可能实现的，因为必须要求组织内部机制联动。

4. 革命式对标，全面出击

该策略是管理学界和企业界的奇迹，是一种操作全部管理项目往多方位出击的对标方式，当企业的全部管理项目、模块及环节中综合了非常多的外行业卓越组织的方法时，就可能产生颠覆性的效果，就像是学百家拳，取其精辟，博采众长，集优势于一身，很容易产生奇迹。经营管理中的旧法则将被抛弃，就像纳米技术一样，改变重要的参数、形式和组织文化。但这种对标策略对企业管理者思维模式的要求极高，50%～70%的对标行动会是失败的。

5. 异业（跨行业）对标与突破瓶颈

只要挖掘出行业内的共有瓶颈问题，从外行业找到一种可参照的“标杆”就可立即实现瓶颈的突破，从而获得核心竞争力。目前大多数企业管理者都有一个问题，就是观念的局限性。管理者往往只对一两个行业熟悉，这样对于工作中面临的问题，往往按部就班地工作，即便是能够借鉴一些外行业优秀组织的方法模式，其模仿起来也是散乱而又片面，收效不大。

六、标杆管理的作用及典型应用

1. 标杆管理有助于企业赢得市场竞争——竞争性标杆管理是唯一的生存之道

目前公认为最早有记载的竞争性对标企业是美国施乐公司。在20世纪70年代，当时施乐公司在国际复印机市场上拥有86%的市场份额，作为全球的龙头老大，施乐的股东和高管们并不关心技术创新，一直“舒舒服服地过日子”。突然有一天，日本的佳能、NEC等新生力量全面进驻包括美国本土在内的全球市场。让施乐管理层完全不能接受的是：佳能和NEC居然用自己的成本价在销售产品，而且产品质量、性能等都不比施乐差。在之后的一年多内，施乐全球的销售额几乎为“零”。此时施乐已经到了濒临倒闭的边缘，“降成本”被认为是当时施乐唯一的出路，被动状态让施乐不得不专门研究日本企业：为什么成本可以如此之低？

施乐采用一种叫作“逆序制造法”针对日本同业企业进行标杆管理。经过对佳能等日本企业的订货流程、运输环节、到包装、材料和设计工艺的全环节的研究，答案很快显现：日本企业大量使用“塑料件”。而施乐一直都大量使用金属件，只要换材料，成本就能降低一大截。后来，在施乐全面模仿改造后，终于抢回了全球73%的市场份额。这种竞争性标杆管理似乎是“不得已而为之”，但施乐成为竞争中的胜利者，而那时多数受到日本企业冲击的美国本土企业因为没有实施标杆管理，以至于沦为倒闭的境地。如果一个组织不实施竞争性对标管理，就不可能拥有长期竞争优势：实际上组织的核心竞争力的半数以上是其标杆管理能力。

2. 标杆管理有助于企业强化管控，提升经营业绩

我国部分企业开始关注并采用标杆管理工具，比如国家电网、南方某

电网、中石油、中国烟草及少部分金融企业。但很多企业属于大行业、大系统的集团公司，下属企业众多，实施效果难免好坏参半。有专家研究我国企业在实施标杆管理过程中的共性问题，结果表明：有的企业通过实施标杆管理，一年之后增加利润数亿元或利润翻几番，有的则毫无效果。效果好的企业除了有效运用标杆管理及其科学管理工具之外，主要是该企业领导层高度重视，相关机制跟进有效。而失败企业的主要问题在于领导层对标杆管理重视不够，当然还有一个重要的原因在于过度关注了“标杆指标”本身，而忽略了指标背后的问题解决。

3. 标杆管理有助于企业降低成本，提高企业利润和收益

大唐集团是中国五大发电集团之一，属下有一家电厂，该电厂一直受燃煤成本过高的困扰，虽然也尝试过诸如目标成本法等多种成本控制方法，但成本问题长年得不到解决。通过采用标杆管理，发现标杆电厂的管理制度及工作流程与自己并无明显差异，但是工作现场却干净整洁，特别是存放燃煤的煤场有一座围墙，显得更加整洁。回去后也砌起一座围墙，并加强了现场管理。结果第二年他们的成本下降了10%。围墙的功能在于“防风、防洪、防盗”，最终通过标杆管理，电厂降低成本、获得效益。

第十章　业绩提升问题解决之“金钥匙”——QCC

一、品质管理循环圈（QCC）简介

品质管理循环圈（QCC），英文全称为 QUALITY CONTROL CYCLE，指在生产或工作岗位上从事各种劳动的员工，围绕企业的方针目标和现场存在的问题，以改进质量、降低消耗、提高经济效益和突破工作绩效为目的，自发地组成一个小团队（3～7 人左右），进行分工合作，灵活运用各种统计方法，解决工作场所的障碍问题，不断地进行改善工作现场的活动。

1. 推行 QCC 活动的作用

（1）QCC 活动简单、有效、有趣，尊重人性，建立透明、令人愉快的工作现场；为员工提供一个展示才智与技能的舞台，开发无限脑力资源，提高企业在经营上的竞争力。同时是提高凝聚力的一种有效手段。

（2）符合企业“改善企业管理，使企业繁荣、兴旺”的经营理念；是企业修炼、提升自己的一种技术演练，通过这种持续的演练，各组织才能不断在进步中发现自己、认识自己，并充分利用资源，为市场提供极具竞争力的质优且物有所值的产品，提高客户满意度。

（3）提倡小改进、只鼓励；大建议、大奖励。

（4）减人、增效、便利，立足本岗位，通过创新、持续改善、问题解决来持续不断的保持和提升企业的竞争力。

（5）QCC 活动中可有利于培育出优秀的管理团队。

2. QCC 活动的周期

为保证参与人员在活动中能充分体现自我，同时又不乏热情，一般从注册到发表时间，周期为 4 ~6 个月。

3. QCC 小组四大职能分类

（1）现场型：主要以班组、工序、服务现场职工为主组成，以稳定工序，改进产品质量，降低物质消耗，提高服务质量为目的。

（2）攻关型：一般由主管、工程技术人员和员工三结合组成，以解决有一定难度的质量关键为目的。

（3）管理型：以管理人员为主组成，以提高工作质量，改善与解决管理中的问题，提高管理水平为目的。

（4）服务型：由从事服务性工作的员工组成，以提高服务质量，推动服务工作标准化、程序化、科学化、提高经济效益和社会效益为目的。

4. QCC 活动的指导思想

QCC 活动必须体现出员工当家做主、质量第一、循序渐进的思想；同时在 QCC 活动中必须坚持“四个一切”：一切为顾客服务；一切以预防为主；一切用数据说话；一切按 PDCA 循环办事。

5. QCC 活动的主要职能

（1）学习管理方法，制定措施，实施计划。在活动过程中出现问题，应立即提出改进方案，修改活动计划。

（2）在活动过程中，必须组织好基础技术的学习，练好基本功，提高专业技术水平。

（3）以用户的评价作为衡量活动好坏的标准。

（4）及时总结活动成果，这是重要的一环，务必进行。总结内容包括两个方面：一是课题解决的情况；二是活动的基本经验教训。

6. QCC 的努力的三大方向

（1）创新：在于突破以往的各项格局，创新性的提出生产出更好产品质量、更低的产品成本的方法。

（2）持续改善：在原有的基础上，努力的不断予以优化，以更低的产品成本生产出更高质量的产品。

（3）高效及时解决问题：在每次出现问题时，都能迅速的采取纠正以及纠正措施，防止产品以及成本的损失和恶化。

二、QCC 推行的十一个步骤

1. 步骤一：发动组建 QCC 圈

（1）形成外部环境，企业领导重视、支持、参与、对 QCC 之认识。

（2）培训统计品管手法、推动活动方法，要求参加人员全面了解。

（3）掌握工作岗位问题点如：质量方面（产品、工作、服务）、效率方面（失败或返工、提升）、辅料消耗方面、其他改善活动等。

（4）组织报名和选择。

（5）选定课题方向。

1）活动课题选择，一般应根据企业方针目标和中心工作，根据现场存在的薄弱环节，根据顾客（包括下道工序）的需要。

2）选题的范围概括 7 大方面：提高质量、降低成本、设备管理、提高劳动生产率与定额管理、开发新产品，开设新的服务项目、安全生产、提高顾客满意度。

3）注意问题：课题不可以太大，课题、问题、目标三者要统一；课题要可操作；使用矩阵图工具。

2. 步骤二：命名、选圈长、注册

（1）命名：通过第一次会议营造共知的气氛赋予 QCC 个性生命，按功能对号入座，确定类型和主题后向管理部门提交《QC 小组课题登记表》，如表 10－1 所示。

表 10－1　QC 小组课题登记表

№：________

<table>
<tr><td></td><td colspan="4">QC 小组名：</td><td></td></tr>
<tr><td></td><td colspan="4"></td><td></td></tr>
<tr><td></td><td colspan="4">现状调查及待选课题：</td><td></td></tr>
<tr><td></td><td colspan="4"></td><td></td></tr>
<tr><td></td><td colspan="4"></td><td></td></tr>
<tr><td></td><td colspan="4">选定课题：________________</td><td></td></tr>
<tr><td></td><td colspan="4"></td><td></td></tr>
<tr><td></td><td colspan="4">选定理由简述（必要性，重要性，可行性等）：</td><td></td></tr>
<tr><td></td><td colspan="4"></td><td></td></tr>
<tr><td></td><td colspan="4"></td><td></td></tr>
<tr><td></td><td colspan="4">目标简述（多少，为什么，什么时候等）：</td><td></td></tr>
<tr><td></td><td colspan="4"></td><td></td></tr>
<tr><td></td><td colspan="4"></td><td></td></tr>
<tr><td>编　制</td><td></td><td>编制日期</td><td></td><td>QC 小组长</td><td></td></tr>
<tr><td>辅导员</td><td colspan="2"></td><td>企业管理部</td><td colspan="2"></td></tr>
</table>

注：各 QC 小组在 5 个工作日内完成本表和《QC 小组活动计划》，将复印文档和电子档各一份交企业管理部备案经批准后提出注册申请；如篇幅不足，请另外附页。

（2）选举：圈长圈内选举产生或领导提名，圈长是圈会的发起（召集）人，圈员同意。

（3）圈长职责：领导品管圈活动；决定品管圈活动进行方向；建立圈员协助，全员参加，全员发言，全员分担的体制；建立全体圈员的良好人际关系；与其它圈之间保持良好的关系；协助圈长会议，推行委员会等活动；指导圈员有关固有技术，改善方法，统计方法等。

（4）圈员职责：小组成员要牢固树立“质量第一”的思想，努力学习全面质量管理基本知识和其他现代管理方法，熟悉本岗位的技术标准和工艺规程，具有一定的专业知识和技术水平，并能积极参加活动。

1）确实遵守作业指导书。

2）以圈员自己的力量建立良好的人际关系。

3）利用圈会达成自我启发、相互启发的效用。

4）确保现场与自己的安全。

5）通过品管圈活动，减少不良品。

6）通过品管圈活动，做好品质保证。

7）通过品管圈活动，有效降低成本。

（5）讨论定主题、定圈名、定圈长、圈员。

（6）注册申请：注册登记表如表 10－2 所示。

表 10－2　QC 小组注册登记表

<table>
<tr><td>小组名称</td><td colspan="2"></td><td>课题名称</td><td colspan="2"></td></tr>
<tr><td>组建时间</td><td></td><td>小组类型</td><td></td><td>备案日期</td><td></td></tr>
<tr><td>所属部门</td><td></td><td>组员人数</td><td></td><td>注册编号</td><td></td></tr>
<tr><td>小组宗旨</td><td colspan="5"></td></tr>
<tr><td colspan="6">小组成员</td></tr>
</table>

续表

<table>
<tr><td>№</td><td>组　成</td><td colspan="2">姓　名</td><td colspan="2">参加 QC 活动资历</td><td>备　注</td></tr>
<tr><td></td><td>圈　长</td><td colspan="2"></td><td colspan="2"></td><td></td></tr>
<tr><td></td><td>组　员</td><td colspan="2"></td><td colspan="2"></td><td></td></tr>
<tr><td></td><td>辅导员</td><td colspan="2"></td><td colspan="2"></td><td></td></tr>
<tr><td colspan="7">其中：男（　）名，女（　）名，参加 QC 活动资历：未参加过的（　）名，1 年以下的（　）名，1～3 年（　）名，3 年以上的（　）名；平均年龄（　）岁。</td></tr>
<tr><td>组　长</td><td></td><td>辅导员</td><td></td><td>部门领导</td><td colspan="2"></td></tr>
<tr><td>企业管理部</td><td colspan="2"></td><td>提案委员会主任</td><td colspan="3"></td></tr>
</table>

（7）审批结束，注册成功，品管圈正式开始活动。

3. 步骤三：现状分析

（1）调查现状，为了解课题或问题的目前状况，必须认真作好现状调查。

（2）在进行现状调查时，应根据实际情况，尽量对现有的数据、资料整理，包括一段时间的数据资料。

（3）对现实工作、现场、产品作详细的观察与分析。

（4）掌握现状与现实课题目标之间的关系。

（5）使用工具：应用不同的 QCC 工具（如调查表、排列图、折线图、柱状图、直方图、管理图、饼分图等），进行数据的搜集整理。

4. 步骤四：目标设定

（1）现状初步了解后，应确定合理的目标值。

（2）目标值的确定要：注重目标值的定量化，使小组成员有一个明确的努力方向。便于检查，活动成果便于评价；注重实现目标值的可能性，既要防止目标值定得太低，小组活动缺乏意义，又要防止目标值定得太高，久攻不克，使小组成员失去信心。

（3）确定目标尽量与同行业横向比较，与国际先进水平比较。

5. 步骤五、分析原因

（1）对调查后掌握到的现状，要发动全体组员动脑筋，想办法，依靠掌握的数据，集思广益，选用适当的 QCC 工具进行分析，找出问题的原因。

（2）找出主要原因，经过原因分析以后，将多种原因，根据关键、少数和次要多数的原理，进行排列，从中找出主要原因。

（3）能用统计方法或实验确定主因最好。

（4）工具使用：因果图、关联图、系统图、相关图、排列图、散布图。

6. 步骤六、制定措施计划

（1）主要原因确定后，制定相应的措施计划，明确各项问题的具体措施，要达到的目的，谁来做，何时完成以及检查人。

（2）以要因展开制定对策、有针对性。

（3）制定措施要注意把专业技术和管理技术统一考虑。

（4）制定措施要经过小组讨论后，有条件最好对措施进行风险评估，以确定是否采用此措施。（可行性、效果、经济性、实现性）

（5）对策选择的优先顺序：①A 级：本圈能简单实施的对策；②B 级：本部门有办法实施的对策；③C 级：要其他部门协力才能实施的对策。

（6）对策实施计划书，如表 10－3 所示。

表 10－3　对策实施计划一览表

不良项目	原因分析	对策方法	对策评价			提案者	实施计划	责任者	协助者
			A	B	C				

7. 步骤七：组织实施

（1）圈员将 QCC 分配的任务按照 PDCA 的运作方法转化为相关范围内员工的共同行为。小组长组织成员，定期（一周）或不定期地研究实施情况。

（2）定期整理分析数据材料。

（3）及时掌握公布进展情况，发现问题，调整战术尽快解决。

（4）活动实施期间一定要定时召开会议，并追踪中间措施执行的成效。

8. 步骤八：检查效果

（1）效果检查是把措施实施前后的情况进行对比，看其实施后的效果，是否达到了预定的目标。

（2）如果达到了预定的目标，小组就可以进入下一步工作；如果没有达到预定目标，就应对计划的执行情况及其可行性进行分析，找出原因，在第二次循环中加以改进。

（3）以图表表示绩效，要采用活动前后对比的方法。

（4）尽可能将质量提高，核算出金额，用经济语言说明效果。

（5）无形的效果要和有形的效果融为一体考虑。

（6）使用工具：检查表、统计图表、推移图。

9. 步骤九：标准化（巩固措施）

（1）达到了预定的目标值，说明该课题已经完成。但为了保证成果得到巩固，小组必须将一些行之有效的措施或方法纳入工作标准、工艺规程或管理标准，经有关部门审定后纳入企业有关标准或文件。

（2）如果课题的内容只涉及本班组，那就可以通过班组守则、岗位责任制等形式加以巩固。

（3）标准的起草，可由措施执行人员制定为好，以加深对标准的印象及重视。

（4）标准化作业后，一定要说明标准前后修改补充的差异，并明确弃旧立新的时间。

（5）使用工具：一般管理图、条形图。

10. 步骤十：遗留问题及今后打算

（1）小组通过活动取得了一定的成果，对成功和失败总结几条，以便今后参考。

（2）集中成员意见，讨论活动中的酸辣苦甜。

（3）对活动的缺陷和遗留的问题进行分析，并将其作为下一次活动的课题，进入新的 PDCA 循环。

（4）使用工具：简单描述。

11. 步骤十一：QCC 成果总结发表

小组将活动的成果进行总结，是自我提高的重要环节，也是成果发表的必要准备，还是总结经验、找出问题，进行下一个循环的开始。

（1）一般资料整理：

1）圈的介绍：圈名、圈长、圈员、辅导员、所属单位、活动期间、主要作业流程简介。（标示本圈活动所处位置）

2）活动题目及选题理由。（日常工作问题一览表）

3）活动计划表。

4）现状查检及数据收集。（调查统计表）

5）目标确定及可行性分析。

6）要因分析图。

7）改善对策实施计划表。

8）改善对策实施状况说明表。

9）总效果确认。（效果推移图）

10）成果检讨。（改善前、后柏拉图比较；无形成果）

11）标准化。（维持效果的方法与确认）

12）活动体会。（活动之反省、满意之处、不满意之处）

13）下期活动题目。（目标——考虑可行性问题）

（2）发表的原则：

1）一要使观众和评价人听懂、看清、了解实施过程和成效；二是要创造人人实现自我的机会。

2）成果发表是群众性活动，发表时要避免繁琐解释，报告时间、内容要简短。经验材料、讲演、成果报告要精华部分，不要面面俱到。活动过程中的各次活动记录不需要一一讲解。

（3）发表时需要注意的事项：

1）制定发表大纲时文本要清晰、文章要通俗易懂。

2）开头引人入胜，预先整理活动相关事项。

3）按照活动 PDCA 的流程解说各项内容。

4）原因分析的把握：问题的原因要例举、表达突出分类、运用什么方法寻找。

5）改善的对策：是什么样的应急改善对策、是对什么实施的改善对策、对策是什么性质。

6）对策很彻底吗、对策对其他方面有何影响。

7）改善结果：活动的效果要描述，效果的持续性怎样、效果的评价使用什么方法、是否从有形无形两方面进行评价、效果好的理由，和针对目标来说明经济效益要体现，计算过程要清楚。

8）维持和标准化：巩固的措施，今后的管理处理问题的对策的经济性、改善活动要贯彻到相关人员。

9）问题遗留及今后打算：会不会再发生、活动中的不理想之处、今后的着眼点。

（4）现场发表：

1）不要局限于一两人发表，尽量合理分配资源多人发表，以体现QCC团结精神。

2）于有限时间内合理安排时间，抓住重点，突出对策实施、效果验证与标准化；QCC活动资料较多，过程较长，而发表时间有限，这就要求圈员在发表时一定要突出活动重点，按QC－STORY将以上红色字体资料中的关键点说明，并将重点放在对策实施、效果验证与标准化的讲解上。尤其要注意的是不能在圈组成及意义上做过多的讲解，导致后面的重点反而没有时间说明。

3）要站在观众的立场，用容易让别人理解的语言表达。

4）特殊技术或专有名词需口语化，让听众也能明了。

5）发表形式可多样，如增添相互间对话、问答等。

6）将圈员如何活用QC手法适当地编织在发表内容里。

（5）作为圈长建立品管圈的方法和流程：

1）按照现有的生产班组/生产单元、质量关键问题，组织跨班组或跨部门的品管圈。

2）找准活动课题。

3）积极参与基础知识和技术工具的培训。

4）启发员工主动自愿参加。

5）认真组织圈员发现问题和现状。

6）确保建立目标时的合理性。

7）定期的圈会召开。

8）鼓励圈员士气，合理的沟通。

9）申请活动金费，组织活动。

10）严密的制订和审批活动计划和措施。

11）活动期间多巡视，发现不足及时提出改进。

12）确保活动记录的真实性。

13）效果检查要实际，不能虚张。

14）成果突出要激励。

（6）圈长应该如何发挥能力？

1）得到授权，品管圈成立小组登记，领导任命与公布。

2）沟通方式和时间的策划。

3）圈内培训的必要性。

4）心态的平衡和性情的控制。

5）自己先动手，带头实施，作出榜样。

6）设定目标和圈内实施制度，激发大家的积极性。

7）利用领导完成自己不能做到的事项。

（7）遇到困难圈长要怎么办？

1）心平气和、不慌张。

2）全力以赴，找原因。

3）不灰心、不懊恼、不盲目、不要为未来发愁。

4）系统思考，可以利用大家一起商讨。

5）自我反省。

6）内部矛盾不偏袒，及时调整局面，作出判断和裁决。

7）及时沟通，想措施，无能为力找领导。

（8）确保 QCC 活动成功的要点有哪些？

1）没有自主性、自发性的 QCC 活动就不会成功。

2）班、组长如果没有圈长的经验就会失败。

3）由身边的管理、改善着手，早日了解活动的妙趣，否则不能持续。

4）在 QCC 活动上，说“没问题”就是一个大问题。

5）没有具体目标的圈，就不能活泼的活动。

6）没有限期的主题，活动不会成功。

7）要使集会成为听取全体圈员意见的场所，否则不能使全员参加。

8）没有决定谁、到何时、做什么的集会是不能成功的。

9）全体圈员不断地有研究课题，就能保持积极性。

10）不学习的 QCC 品管圈不会持续。

11）经理、课长对于 QCC 品管圈不关心，活动就会陷入低潮。

（9）如何使 QCC 活动得以长久持续：

1）正确理解品管圈活动的背景来进行。

2）正确理解品管圈活动的本质来进行。

3）以广大的视野来考虑品管圈活动的地位 。

4）品管圈活动是企业品管圈活动的一环，在现场是以自主性的活动。

5）全企业的品管圈如能成为企业体制而活动的展开，则自主性的品管圈活动就能够活泼化且长期地持续下去。

6）关于品管圈活动的喜悦感也是非常重要的，没有喜悦感的活动是不会长久的。

7）以企业的立场促进的组织与品管圈自主性的组织获得平衡才能持久。

8）保持品质意识、问题意识。

9）保持改善意识和自主自发的意识。

10）实施教育训练，教导品管圈的想法。

11）保持上司的关心和支持。

12）举办交流会、读书会。

13）定型化的对策，在品管圈共同商讨。

14）在企业内和品管圈内部制订表彰和奖励制度。

三、典型企业 QCC 案例分享——B 企业解决漏料问题

1. 项目前言

该企业生产优质工程塑料。厂属成型车间担负生产任务，是生产中的关键工序。其中斗式机负责将干骨料从高楼部 1 楼送至 2 楼筛分配料工序，是生产流程中的关键设备之一。

2. 调查结论

影响斗式机地坑漏料的主要问题是溜管漏料，占总缺陷数的 77.8%。

3. 因果分析

小组通过因果关联图找出末端因素有：缺少培训、考核不严、地坑潮湿、溜管设计不合理。

4. 改善效果

（1）活动目标的实现：对策实施后，从 2007 年 10 月份对策实施后各月漏料量统计开始，两个地坑的漏料明显减少，如表 10－4，图 10－1。

表 10－4　漏料统计

月份	2007. 5	2007. 6	2007. 7	2007. 8	2007. 9	2007. 10	2007. 11	2007. 12
漏料量（t）	10. 5	11	9. 5	10. 5	9. 5	5. 5	1. 5	1. 5

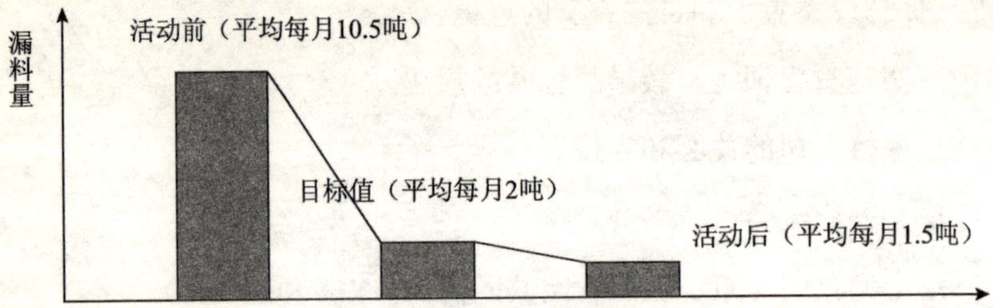

图 10－1　漏料统计

（2）经济效益：

1）每年减少漏料为厂里节约成本：

（10.5 吨/月－1.5 吨/月）×12 月/年×1050 元/吨＝11.34（万元/年）

2）每年减少民工清理漏料费用：

（10.5 吨/月－1.5 吨/月）×12 月/年×50 元/吨＝5400（元/年）

3）每年减少系统停车次数少排废糊折合成本：

5 次/月＊16 吨/次×1250 元/吨×12 月/年＝12（万元/年）

4）活动支出 24600 元。

5）本次活动经济效益：

（11.34＋0.54＋12）×2.5 月/12 月－2.46＝2.515（万元）

6）以后每年产生效益：11.34＋0.54＋12＝23.88（万元）

5. 巩固措施

（1）将带式除铁器技术资料归档，以利以后设备维护检修。

（2）将改进后的下料溜管技术资料归档，以利以后设备维护检修和制作。

6. 体会及今后打算

（1）遗留问题：采取的措施相当彻底，没有遗留问题。

（2）今后打算：2008 年下半年以来振动成型机下滑问题一直困扰的生产，今后我们打算对振动成型机振台下滑问题进行攻关。

本篇小结

在本篇，业绩提升之术——过程管控体系解决了会不会干、如何干、以什么为标准的问题。笔者综合多年中外企业管理工作及项目咨询经验，总结了企业经营管理过程中经常出现的过程管理失控的症结进行剖析，从以下四层面提出通过全面破解过程管控难题，从而从保障经营过程的使现为提升业绩之根本！

第一个层面给出了解决执行力不力的答案——不打折扣、不做选择、不搞变通.

分析了企业家一直纠结的“上有政策、下有政策、打折扣、做选择、搞变通”削弱执行力的重要问题；同时提供一种执行力的有效工具 CQC 质量监督检体系案例，通过 CQC 体系的实施，企业的管理制度得到有效的全面执行，以前各相关部门之间工作拖拉、互相推卸责任、交期延误、局部及整体效率不高等问题都得到不同程度的解决和控制，员工及部门工作效率和产品品质都得到较大提高。员工工作出错率由以前的 30% 降到 2%，多数制度得到轻松有效的 100% 的执行。

第二层面给出了解决企业过程管控失控问题的答案——企业标准化。

重点强调企业经营过程管控标准化的意义，对建立标准化的方法流程和要点以及贯标的方法等关键要素都给予明细的方法。不论是一线岗位操作人员还是管理岗位的管理者只有清楚地知道以什么为标准的时候，才能高效地完成经营过程中的任务，从而才能保障经营结果的正确性。作者深入研究卓越企业之所以业绩领先，其关键密钥在于其标准化管理。一般企业中只有精英员工才能完成业绩非凡的工作任务，而在卓越企业里普通员工都可以完成非凡业绩。多家卓越成功企业实践证明企业标准化行之有效，是瓦解企业管理难题、提升经营业绩的“锐利武器”。

第三个层面给出了企业如何与国内外行业领先企业竞争的问题答案——企业标杆化。

标杆管理已被欧美企业界公认为是目前改善企业经营绩效、提高全球竞争力最有用的管理工具。作者从使用标杆管理的目标和原因、对标的三种目的、标杆管理的类型、标杆管理的“四化”与三件事、对标管理五种策略出发来介绍企业标杆的关键问题。使企业在管理实践中，将产品、服务和经营管理方式与标杆进行比较和衡量，找出自身的差距和不足，提供产品、服务或流程方面的最高标准，从而提高自身产品质量和经营管理水平，增强企业竞争力。

本篇最后推荐一种较为熟悉的问题解决方法——QCC，笔者将 QCC 具体操作手法非常详细地告诉大家，使企业管理人员围绕企业的方针目标和现场存在的问题，以改进质量、降低消耗、提高经济效益和突破工作绩效。

下篇
建立领先的业绩管理体系
——业绩提升之法

经营业绩目标不达标怎么办？经营业绩如何才能提升？为何经营业绩结果的每月财务报表不能反映出真正的经营状况？经营者根据财务报表找原因找差距经整改还是效果不佳？个人的工作结果如何才能与企业的业绩挂钩？企业的发展战略、经营计划如何才能有效的落实到企业的每个人的行动中？经营预算与经营计划及业绩管理如何才能有效的联系在一起？为何运用先进的业绩考核工具，比如平衡计分卡还是不理想？为何业绩考核不能真实的反应每个人的实际工作表现？为何年度签订经营指标时被签订者认为不合理，签订了责任书业绩目标仍然完不成？为何被考核者个个得高分而企业的经营计划总是打折扣？等等。这些问题一直困惑着企业？笔者将 20 多年的企业经验结合国内外知名的管理专家的思想，在全面深入研究经营战略、经营计划、经营预算、过程作业、工作行为（价值观）、业绩考核平衡计分卡、阿米巴经营模式等的基础上，总结出适合企业的业绩管理工具供企业经营者们参考。

第十一章 提升业绩的最佳途径——提升系统竞争力

一、业绩提升来源于企业系统竞争力的提升

企业要想获得经营上的成功，并非做过多少，而是做成多少，尤其在某些特殊项目做得卓越和极端出色。不少企业的管理实践表明：卓越企业除了在某领域内取得经营成功以外，还必须在若干知识领域中表现卓越，不少企业甚至在多个领域中表现卓越。但是，如果企业要真正拥有得以持续发展获得丰厚利润的“知识”，就需要在某些领域运营中获得卓越成效。

企业业绩无法提升，不但发展受限，而且会陷入困境。调查显示：经营业绩的提升问题是令很多企业家头疼和首要关注的问题。那么企业如何才能提升业绩呢?

前些年，著名的“木桶原理”风行企业界，其内涵简而言之为：木桶由许多块木板组成，如果木板长短不一，那么木桶的最大容量并非取决于长木板，而是取决于最短的那块木板。与此类似，一家企业好比木桶，每一项经营管理都是构成企业的不可或缺的“木板”，企业经济效益的发挥受最短的那块“木板”——企业经营管理中的薄弱环节限制。同理，企业的盈利能力并非取决于企业管理某方面的特长，其综合管理能力更为重要和关键，任何方面的管理缺口和漏洞都会导致经营利润的流失。

当年风靡一时的山东的“秦池”酒业便是一个因“长板”而崛起、因“短板”而倒塌的典型例子。当年该企业脱颖而出，靠的是“长板”——

广告“轰炸”。当年该企业在中央电视台广告招标时一举拍得标王，引来无数闪光灯聚焦，风头无敌。受广告的影响，加上白酒本来就是一种同质竞争很高、市场需求大的产品，消费者试试新鲜，造成销量猛增，业绩大幅度增长。然而，该企业的倒闭如同多米诺骨牌效应：前期广告投入巨大，需要足够的销售量来弥补，而因为企业产能一时不够，于是向四川的制酒企业购买原酒来勾兑所谓的“秦池古酒”。这样，因为内幕被揭，信誉扫地，企业关门倒闭。

企业界也不乏运用“短板理论”、“填平补齐”的成功实践案例。我国某地方企业，其人均劳动生产率优秀，为行业领先水平。该企业管理流程极具特色：“填平补齐”、“挖潜改造”——即挖掘企业设备、管理工作的潜力，搞技术改进，使产能、产量和质量更上一个台阶。其具体做法是：先分析主要瓶颈——“短板”在哪里，然后通过技术改造克服瓶颈，使总体技术水平跃上新台阶。该企业虽然总投资、总产能并非同行业最高，但实际生产效益一直为名列前茅，其固定资产的利用效率一直保持很好的竞争优势。

国内大多数企业都并非靠上述案例的特色经验成功，而是靠所谓的“孤岛理论”而成功的。即企业先努力构建一些局部优势，发挥到极致，进而逐步改善短板，形成某一领域内的“孤峰”，打破企业经营管理中原有的均衡态势，对企业经营的其他方面提出了新要求，促进其他方面的改革创新，进而提高企业整体素质，促进企业发展跃上新台阶。就这样，起始往复，不断良性循环、螺旋上升地推动企业持续发展。

在企业发展中，暂时处于领先地位部分形成“孤岛”，发挥“孤岛”优势。“孤岛”优势实际上就是企业的某些特色，比如技术领先、产品质量或者售后服务好、节约成本“秘方”或者产品经销“诀窍”等。一旦这些优势为客户认可，就能像磁石一样被吸引，从而忠实于该企业。那么企业就能提高产品市场占有率，从而产生巨大经济效益。这就是“孤岛优势”为企业带来的“无形资产”。过去，国内不少企业都是依靠“孤岛”优势，先赢得市场竞争胜利，并依靠这种优势，提高效率，降低经营成本，增强企业的核心竞争力，从而扩大产品市场份额，增加效益。比如巨人集团和华为集团都是把各自的“孤岛”优势发挥到极致的案例。

市场竞争绝非某方面竞争，而是系统性竞争，它要求企业的每一个“板块”，都要足够长。企业的系统竞争力取决于企业持续赢利能力、科研投入、生产能力、企业团队、薪酬水平、企业制度、企业文化建设等等多种因素。而中国企业的最大问题恰恰是优势结构不完整。表面上看，企业竞争是市场较量，而实际是整个系统的较量。从长远观点看，企业竞争是系统竞争，而非某“孤岛”或板块竞争。这就是为什么我国不少企业在凭借“孤岛”优势一鸣惊人后，便开始走下坡路、无法持续发展、默默无闻直至沦入消失的境地的根本原因；这就是为什么中国企业始终不能突破核心技术的壁垒、中国产品难以赢得国际市场的认同的根源；不少中国企业虽然靠“孤岛”优势成功，但是不可避免地形成一种思维定式，有意无意忽略保持、构建自身的系统竞争力。

虽说企业竞争是系统性竞争，但是，并非每个竞争要素都具有相同比重。实际上，各要素的影响力不同，有些要素关乎大局，有些要素决定细节；因此，企业管理中须分清重点、区别对待，抓住关键要素，解决根本问题，才能达到系统竞争力提升的目标。

二、业绩管理的作用如同“汽车座椅上的安全带”

业绩管理是企业赢得竞争优势的重要手段。管理界有些人对业绩管理“又爱又恨”，他们风趣地把它比作“汽车座位上的安全带”：安全带让人觉得很有必要，但使用起来很麻烦，人们一般情况下不太喜欢去使用它。实际上，正如同“安全带”对汽车座位上的人的安全有基本保障作用一样，合适正确的业绩管理工具也能为企业发展起到一定的“保驾护航”作用。

有人认为：业绩管理是人力资源经理提升地位和价值的“二次创业”，是HR经理们发起的管理“革命”。其实不然，无数企业管理实践证实：业绩管理已成为世界大多数优秀企业战略管理的有效工具。业绩管理是提升战略执行力的一套方法，它将员工个人业绩、职业生涯发展与企业发展目标有机结合，通过持续改善个人和团队业绩来达到提升企业经营业绩的目的，同时确保业务发展目标的实现和企业战略的执行。有效的业绩管理可帮助管理者提高自身管理水平，减轻工作压力，通过构建层层合理分解的目标管理体系，使下属明确工作目标、重点和努力方向，借助有效工作方式和方法，完成合理而正确的任务，确保员工工作行为及其产出与组织目标一致。同时，有效的业绩管理还可帮助员工通过业绩目标设定、工作辅导、业绩反馈改善工作业绩、开发潜力，提升个人能力，进而帮助员工实现个人职业生涯发展。业绩管理的核心目标在于通过持续改善员工工作业绩来提升团队或组织的业绩。

综合起来，业绩管理改变以往从上至下发布命令、检查结果等传统管理模式，为员工提供全新的高效规范的沟通平台。该平台要求管理者与下属双方定期就其工作行为和结果进行必要、有效的沟通、评估、反馈及辅导，通过该高效实用的沟通平台，管理者对下属的工作能力和潜力进行培训、开发，对其职业生涯发展进行辅导与激励。更为有意义的是，业绩管理还为企业人力资源管理提供必要的依据：通过科学有效的业绩管理，为员工培训管理、薪酬管理、职业生涯管理等问题的解决提供必要的依据和参考，为员工管理的决策，比如辞退、晋升、转岗、降职等提供必要的依据，这对目前我国新劳动法实施中的企业管理层广为头痛的问题解决提供了有效途径和科学思路。

总之，有效的业绩管理体系可以帮助提供员工持续改进业绩的动力，引导员工调整职业生涯规划和提升职业素质，提高员工的自我管理能力，形成优胜劣汰的“赛马”机制，高效提升管理层的决策能力和组织能力，提高组织运行效率，改进、优化企业经营业绩提升能力，从而达到员工发展和高效企业管理双赢的理想目标。

第十二章　我国企业业绩管理的发展历程回顾

随着企业经营模式的调整和转变，企业业绩管理经历了相应的发展过程。回顾我国企业业绩管理的历史，大致可以分为人事考核、业绩考核、业绩管理、战略业绩管理到经营价值管理五个发展阶段。如图12－1所示。

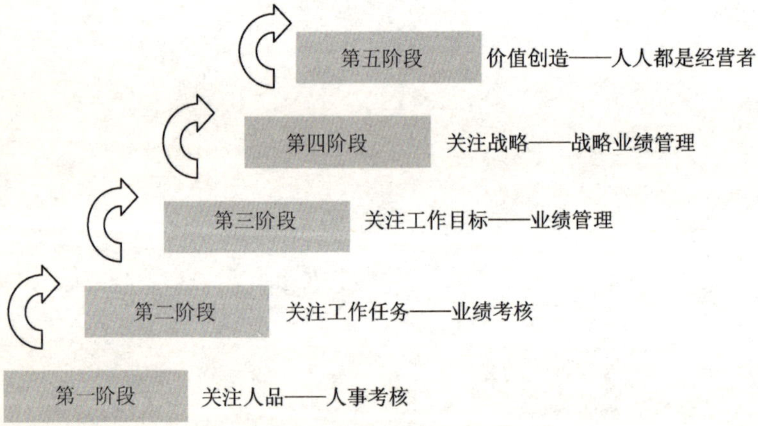

图12－1　业绩管理的发展历程一览图

一、第一阶段业绩管理——人事考核

1997年以前，我国多数企业采用行为人事考核。人事考核被典型概括为“德、能、勤、绩”，其中“德”排在第一位，后面依次为“能”、“勤”、“绩”。行为人事考核主要包含三项：态度考核、能力考核和业绩考核。人事考核主要是以“人”为中心，强调对人的品格或特征的评估，工作业绩不是考核的主要方面，而是排在最后一位。此外，人事考核多采用定性指标，评价标准主观性强，考核结果往往受考核者的喜好、心情影响，因而人事考核的公平性、精确性不佳。从考核机构看，考核者主要以人事部门为主，而被考核对象的上级的考核权较少，这样一来，考核结果多关注人的素质，而非工作业绩，自然考核结果的应用对员工的激励成效就要大打折扣了。现在除了部分国有企业、偏远落后地区的企业还采用人事考核之外，已经很少企业单独采用这种业绩管理模式。

总之，第一代业绩管理——人事考核打破原来国有企业固有的“吃大锅饭”的诟病，在当时成为企业管理极其重要的基础环节，具有重要意义。但是，人事考核过于聚焦员工的素质、态度等，而非 KPI（Key Performance Index，关键业绩指标），自然而然就导致管理成效事倍功半。

二、第二阶段业绩管理——业绩考核

1997 年以后，随着我国经济与国际社会进一步接轨，企业业绩管理体系逐步从人事考核迈入业绩考核阶段。业绩考核不再以“人”为中心，而以“工作”为中心；从考核机构看，考核者由人事部门逐渐转移至被考核者的上级主管部门。业绩考核重视工作任务完成的结果，而对人的品德、态度、能力的考核逐渐退居次要地位。业绩考核强调对工作任务的完成结果一定要分出好坏，对业绩考核结果的具体运用，对高业绩给予薪酬、提升等奖励，并对差业绩给予适当处罚。

业绩考核偏重事后奖罚，我国企业多年引用及实践后，其弊端逐步显现，比如业绩考核过于重视结果管理，而忽视过程管理，忽视业绩沟通、改进以及工作完成辅导等重要环节，这种典型的“秋后算账”式做法自然偏离业绩管理的最终目标——提高经营业绩及效率。目前我国有不少企业仍痴迷于偏重业绩考核和结果管理，其业绩管理效率并非如所愿，企业发展中遇到困难也并非业绩考核能迎刃而解，导致不少企业管理层还质疑业绩管理决策是否正确，其实主要是业绩考核的弊端作祟。

三、第三阶段业绩管理——业绩管理

2002 年开始，经过企业界多年业绩考核实践，不少企业逐步认识到业绩考核的弊端。在欧美一些管理咨询机构以及国外发达国家一些企业的业绩管理理念的指导下，不少企业逐渐引进先进业绩管理体系，这标志着我国企业逐步从业绩考核迈入业绩管理阶段。

业绩管理体系的重点不再仅聚焦于"人"或者"工作任务和结果"，而关注"工作行为及业绩目标"——基于工作职责和工作任务而提炼的关键业绩指标（KPI）。每个管理事件从不同角度来提取 KPI 指标。这里引用邓小平同志的话来贴切比喻业绩管理非常经典："不管是白猫还是黑猫，抓住老鼠的都是好猫。"无论人力资源部还是品管部，无论本科还是专科学历，最后衡量业绩是 KPI 的指标达成度，KPI 的指标规模效应就是业绩。

四、第四阶段业绩管理——战略业绩管理

企业构建业绩管理体系中常常面临的主要困惑是：如何使业绩管理与企业战略相结合？如何使业绩管理有效帮助企业战略实施，成为企业战略落地的工具？

虽然业绩管理体系相对其前三个阶段而言是一种飞跃，但基于职责提炼出的关键业绩指标与目标导向的业绩管理模式仍是一种面向日常工作的业绩管理，业绩目标的完成只有助于维持现有业绩，对企业业绩的持续提升和发展、以及企业的战略发展的作用也相对有限。随着美国管理学家罗伯特·卡普兰（Robert Kaplan）和大卫·诺顿为企业界熟知，平衡计分卡

和战略业绩管理引入中国，部分企业开始尝试战略业绩管理，标志着我国企业界进入战略业绩管理的启蒙阶段。

相对前三个阶段，战略业绩管理不失为一大突破，它真正从事务管理走向战略管理。战略业绩管理强调为企业实现战略服务，通过战略目标的分解，转化成企业各层级的目标与计划，并通过目标与计划的有效管理来有效获得个人业绩、部门业绩和企业业绩，从而保证企业战略的实现。有人形象地将业绩管理体系形容为“人的心脏”，“汽车发动机”，一旦停止工作，企业发展就失去原动力，整个企业管理体系完全陷入瘫痪。

五、第五阶段业绩管理——人人都是经营者管理体系（阿米巴经营）

价值管理（Value - Based Management，VBM），以价值评估为基础，以价值增长为目的的一种综合管理模式。价值管理以股东价值最大化为理财目标，创造价值，实现股东价值的增长。它要求在企业经营管理和财务管理中，遵循价值的理念，依据价值增长规则和规律，来探索价值创造的运行模式和管理技术；从而建立起连接企业战略，并应用于所有对企业价值有影响的各个因素和整个经营过程中的决策和控制体系；它要求公司一切决策和行为以是否能够为股东创造价值为评价基准，并且在实现价值管理的过程中广泛运用了经济增加值（EVA）、市场增加值（MVA）、折现现金流量（DCF）、托宾 q 值、价值派（piemodel）模型等一系列价值评估和价值管理的技术和方法，以帮助其实现股东价值最大化。在价值管理体系中，目前最为业界推崇的是稻盛和夫创造的阿米巴经营模式。

稻盛和夫的业绩管理的大胆创新模式——人人都是经营者（阿米巴），不但帮助稻盛和夫创立的两家世界 500 强企业——京瓷和 KDDI 实现企业经营的神话，在日本经济一直低迷的情况下，实现企业高速增长，从不亏损。阿米巴经营是指将公司组织分成一个个小的团队，通过与市场直接联系的独立核算制进行运营，培养具有经营意识的小团队领导人，让团队每个员工积极参与经营管理，从而实现“全员参与”的经营方式。稻盛和夫在总结西方思想和管理技术尤其管理会计技术（如作业成本法、预算、业绩评估等）的基础上，以普通员工能够理解、学习与掌握的方式，在京瓷集团自主创造了独特的管理会计体系。“阿米巴经营”不仅考核每个“阿米巴”的领导人，而且考核到每个“阿米巴”人员每小时产生的附加价值。这样就可以真正落实“全员经营”的方针，就是发挥企业每一位员工的积极性和潜在的创造力，把企业经营得有声有色。另外，“阿米巴”可以随环境变化而“变形”，即具有适应环境的灵活性。

目前在我国企业界，各种不同成长阶段、不同类型以及不同规模的企业并存在不同领域。虽然以上详述了我国企业业绩管理体系的变迁发展历程，但不意味着不同企业不顾自己的发展现状、行业特点和需求，都采用最先进的业绩管理体系是最佳选择。其实业绩管理体系的选择跟人们选择鞋子一样，“适合自己的是最好的”。所以不同企业在构建自身业绩管理体系的过程中应该先明确自身现状及特点，针对自身发展中的问题，“量身定做”适合自身发展要求的业绩管理体系。一味简单模仿和复制，不仅达不到提升业绩、实现发展战略的目标，而且还有可能让企业陷入困境。因此，业绩管理体系的构建与实施对企业发展至关重要。

第十三章 企业业绩管理体系实施中的常见问题剖析

在企业界，业绩管理是一个永恒的热点话题。有人说业绩管理是一把“双刃剑”，在解决问题的同时也会出现许多意想不到的其他问题；也有人说业绩管理是“潘多拉的盒子”，打开之前，人们都怀有美好的想象，期待许多问题迎刃而解，然而业绩管理体系在实际执行过程中又会出现许多意想不到的困难。因此有人甚至极端地认为：业绩管理无用、多余，企业业绩是实干出来的而不是管理和评价出来的……引起种种困惑。

一、企业界有关业绩管理的种种困惑

只有通过长期和持续不断地努力和推动，业绩管理体系才能在企业里成功“落地生根”，起到积极作用。业绩管理需要将日常经营计划和目标进行有效沟通，甚至和薪酬及其他激励模式一起形成有效激励组合，才能帮助企业从高、中、低各个层面进行有效地问题解决。驱动业绩管理体系的核心焦点之一为企业的发展战略，而非简单的几个业绩考核指标或行为业绩。目标业绩管理体系是承接企业的发展战略，落地下来形成一系列相关的指标，然后将这些指标分解到组织的各个层面、关键部门、关键岗位中去，用定期评价来驱动、反馈，以期达到最大限度的企业战略目标实现。

1. 企业业绩管理体系实施中的常见误区

业绩实质上是一种效能或者效率，是管理层用理念来驱动组织的发展战略得以有效实施的有效工具。但很多人误认为业绩就是成绩、成果或者期望达到最好成绩和分数，完成企业的相关任务。因此不少企业简单地将业绩管理体系的实施转换为“行动三部曲”：一是定指标；二是打分数，三是扣奖金。定指标就是领导凭想象进行“拍桌子”强权式地定工作任务指标；打分数就是“胡萝卜加大棒”一样地给员工一个分数；而扣奖金就是将员工薪资的一部分作为员工未达成任务指标的惩罚方式，客观上造成工资具有高度不确定性。企业界常见的这些不当做法实际上是对业绩管理的曲解。

2. 业绩管理的本质

企业界不少人一直纠结一个问题：业绩管理体系到底属于纯粹的人力资源管理问题还是战略问题？不少管理层对业绩管理体系的实施和执行大感头疼，甚至有企业因为实施失败成为业界反面教材。如同“一个和尚挑水吃，两个和尚抬水吃，三个和尚没水吃”，为何有些企业“三个和尚”（多个部门）的业绩反而变为零？其根源在于该企业存在组织结构未厘清问题、权力及责任的分配问题、评价问题以及激励问题。

企业的发展战略落地是一个重要问题。构建业绩管理体系的时候，企业战略可以分解为若干 KPI 指标，而相关指标数据采集属于企业基础运营问题，包括日常的经营计划沟通，底层的执行力问题。如果某一个环节中忽略其他权力机构的配合，会让人力资源部的相关责任人员压力巨大，业绩管理整体效率低下。

事实上业绩管理体系的构建和推行不仅仅是人力资源部的工作任务，而科学合理的业绩管理体系的权力及实施机构应该来自以下四个方面：

（1）企业的业绩与薪酬管理委员会。

（2）企业高层管理人员。

（3）人力资源部。

（4）职能部门的经理人员。

3. 业绩管理的两个难点

（1）业绩管理体系设计问题：现实中不少企业建构的业绩管理体系并不完善，因此业绩管理高级决策者的首要任务是建立或者引进、设计好一个完善的业绩管理系统，该系统须包含适合发展战略实施的业绩管理理念、基础性指标以及相关工具等。

（2）业绩管理能力问题：如果单单只有人力资源部参与，业绩管理与评估体系很难做好。组织中业绩管理相关者都应获得充分的理念宣传、培训、能力鉴定等，企业才形成一个有效的业绩管理实施团队。

华为集团在业绩管理体系实施中须经过三次评定，具体如下：

1）管理者理论考试。针对企业管理层出业绩管理相关试卷，让管理者做测试，通过这种知识结构测试，可以看出该业绩管理体系是否在管理者团队的认知上达到必要程度或一致。

2）技能鉴定。管理者实施业绩考核流程，通过和员工做业绩沟通、工作过程中的辅导，把握员工的技能，最后通过业绩评估结果与激励薪酬挂钩，实操性极强。

3）心理调试。对员工心态、观念方面进行有效培训及调整，高度发挥整合资源的能力。

4. 业绩管理体系推行中常见的五大障碍

现实中不少企业（包括业界有名气的企业）在推行业绩管理体系过程中都以失败告终。什么原因？综合起来，有五大方面的原因：

（1）认知上的障碍：员工对业绩管理体系并非了解、理解却已经有偏见。

（2）利益上的障碍：员工在心理上存在很多负面情绪，认为做业绩管理是侵犯员工利益，侵犯员工工资、奖金等既得利益，等等。

（3）资源障碍：没有足够的数据采集来推动业绩管理体系中的人力资源、数据资源以及相配套的资源。

（4）时间障碍：很多员工不重视业绩管理体系的实施和推行，大都以忙为借口，很多企业做业绩管理追求短、平、快，不愿意在时间上没有做到足够投入。

（5）能力障碍：人力资源部的能力、业绩与管理委员会的能力甚至包含总裁（总经理&CEO）的能力和业绩者的能力受当事者对业绩管理理念的吸收和领会的局限。

有很多企业在具体业绩管理体系的实施运作中采取认定“业绩管理师”等方法来提高效率，未来诸如此类的资格认证等模式一定会得到严格执行，获得人力资源管理专业人员的支持。从企业战略到相关目标管理、企业发展计划、部门工作计划以及日常沟通和心理学、薪酬体系改革和持续改善这一全部过程的协同作用，不亚于MBA课堂对学生的要求。

二、构建业绩管理体系的基础

一般而言，判断企业是否具备开展业绩管理的基础，可以从如下两个方面进行衡量：

1. 需求层面

（1）企业当前经营业绩是否达到决策领导的期望？如果企业整体业绩不佳，则需要考虑全面实施业绩管理体系。

（2）企业内部对员工进行评估、奖罚、选拔以及淘汰的依据是否充分而且可靠？如果这些工作缺乏客观事实依据支撑，则考虑全面实施业绩管理体系。

（3）员工的士气、工作积极性以及工作效率是否达到期望？否则迫切需要完善的业绩管理体系的实施。

（4）企业员工劳动关系管理体系是否完善？现行劳动法制约束下，为避免与员工发生劳动纠纷时不能合理举证，业绩管理体系可以帮助企业保留员工工作和业绩依据。

2. 可行性层面

（1）企业发展战略和业务拓展策略是否达到相对稳定的状态？如果企业战略一直摇摆，业务策略不清，很难开展业绩管理，因为如果企业层面的目标、策略、计划和行动不稳定，难以将其落实到各个部门和岗位，上下之间、企业和个人之间，难以在目标、计划和行动上保持一致。

（2）企业的基本业务流程和组织架构是否明确？如果基本跨职能业务流程不清晰，则难以把上层的经营目标和计划分解落实到下层，难以区分跨部门职能的职责分工，难以理清跨部门的业务协作规则，从而导致各个岗位的工作本身混乱，在这个情况下难以开展业绩管理。

（3）典型职位设计是否明确？各级职位的汇报关系、岗位职责、人之资格以及工作基本规范是实施业绩管理体系最直接的基础条件，工作本身是否清晰，业绩管理无法开展。

（4）企业的管理层（尤其是高层）是否具备正确的业绩管理理念和技能？如果高层管理者大都缺乏基本的业绩管理理念和技能，企业不适合正式推行业绩管理体系。

3. 首次实施业绩管理体系前必需的准备工作

（1）是否具备业绩管理体系的基本实施条件？如果不具备，首先完善准备好基础条件。

（2）企业决策层是否认同和支持？需要获得企业最高领导者本人亲自参与和遵守业绩管理制度的正式承诺。

（3）对各层员工的业绩管理管理体系相关培训是否充分？尤其是中高层管理者，培训的重点并非考核，而是如何提升业绩的管理方法。

(4) 业绩管理方案设计前是否事先充分了解业务细节？如果方案设计者不了解业务，则须“补课”，否则徒劳。

(5) 业业绩管理方案是否简洁、明确？业绩管理方案不求完美和详尽，但一定要确保执行流程简单，尽量不多给直线经理添麻烦。

(6) 是否了解一些类似业绩管理体系实施案例？通过事先了解相关案例，获得直观感受，分析可能的障碍因素并思考有效对策。

(7) 业绩管理方案和其他系统是否有冲突或对接？准备好解决冲突的方案，进而实施有效辅导。

三、常用的业绩管理体系、方法和工具介绍

1. 平衡计分卡（Balanced Score Card，BSC）

平衡计分卡是目前业绩公认的战略管理和业绩管理集成一体化的有效工具，有助于推动企业持续健康发展。它主要包括四个维度：

财务业绩（以往成果）：要证明企业取得成功，应向股东们展示怎样的财务成果？

客户价值（外部价值）：要实现财务业绩目标，应向客户提供、展示什么？

内部流程（内部效率）：要使股东和客户满意，应如何改善业务流程效率与效益、并确立企业的核心特长？

学习创新（未来潜力）：要实现长远的战略目标，企业该如何保持持续变革与创新的能力？

(1) 两大核心推理：

1）从当前财务业绩和未来发展潜力、外部的经营成果和内部的经营效率四个方面衡量企业的经营业绩。

2）表明了企业经营的因果价值链，为了获得财务业绩，必须有客户价

值的充分保证，而客户价值的获得来源于企业内部效率的提升，内部效率的提升源于学习与创新能力的提升。

（2）平衡计分卡的应用中应当注意两个关键点：

1）从企业层面，平衡计分卡把衡量经营业绩的指标分为四类，但在具体应用的时候，对于某一职能部门，尤其是某一基层岗位，往往比较难于把指标分解为财务业绩、客户价值、内部流程、学习创新四个方面，因此在中级岗位上，可以打破 BSC 的一般规律（四个维度），采用其他平衡指标，比如业务发展与人员发展两个维度、策略性工作与日常工作两个维度等；

2）如果企业业务特征比较特殊，应用中可以具体问题具体分析，打破四个维度的惯例来构建有企业特色的平衡计分卡。比如，对于经销商类企业而言，供应商比较重要，可以增加供应商管理的维度；对于新产品开发类企业，可以增设新产品开发的维度；对于项目管理制类企业，可以增设项目管理的衡量维度。

2. 关键业绩指标（Key Performance Index，KPI）

KPI 强调从战略出发，制定达到战略目标的一系列关键支持策略及其关键评估指标，或归纳关键成功因素进行衡量。其突出优点在于：

战略导向，从整体战略目标逐级分解落实到高层、中层和基层岗位。

关键导向；引导相关责任者关注工作重点，通过解决重点问题实现根本目标。

（1）KPI 在实施中发现的显著缺点：

1）KPI 只是衡量指标，不能依靠 KPI 本身来保证未来业绩的实现。

2）KPI 只衡量工作重点，不能对工作进行全面评估，因此影响力度和作用范围有限。

（2）实践中应当重点关注：

1）KPI 应当定期修正，比如逐年，甚至每个季度修正，因为“计划不如变化”，企业管理各个阶段的工作重点因为时间不同而日新月异，KPI 也应顺应时势，作相应变化方才有效。

2）KPI 不能太多，一般 3～5 个比较好，且一个指标的权重如果低于 5%，则忽略。

3）KPI 应当针对业绩重点设计，且应当明确指标定义、考核标准、目标值、数据来源以及适当的考核周期。

3. 工作目标设定（过程导向）考核（Goal Setting，GS）

一般而言，对于企业支持性部门或部分定性指标的考核采用工作目标设定（GS）的方法进行。GS 应衡量员工在该职位成功所需的技能、品质、价值观等难以定量的业绩构成或维度，最大程度地减少业绩评价中的主观因素影响。GS 是对工作职责范围内的一些相对过程性、阶段性、难以量化的关键工作任务完成情况的考核方法，确保 KPI 指标的顺利实现。GS 可以完全弥补完全量化的 KPI 考核所不能反映的方面。这种方式使工作重点非常明确、目标非常清晰，有利于具体工作的目标实现。

4. 业绩管理体系方案的选择原则

（1）“合适”才是最佳选择。企业决策层不应迷恋最流行、最时髦的业绩管理概念，而应选择最适合企业实际发展的设计方案。

（2）针对备选的业绩管理工具，要评估分析出在本企业应用的优、缺点、前提条件和配套措施，进行客观比较。

（3）企业在应用典型的业绩管理工具时，都应该进行个性化设计，任何工具都不适宜简单照搬，“拿来就用”，误时误事，企业界不乏反面教材。

（4）企业管理中往往需要搭配应用多个有效业绩管理工具的“合力”，而非单独一个业绩管理工具。

（5）业绩管理工具是否适合的衡量标准大致由以下五个方面组成。

1）该工具是否在同行企业内有成功案例？

2）对于直线经理而言掌握起来是否容易？

3）企业当前是否具备应用该工具的基础条件？

4）执行起来是否要求复杂？

5）能否解决当前关键业绩问题？

（6）因为直线经理是业绩管理体系实施中的关键角色，直接关系到执行的有效性。因此需要在直线经理团队中进行充分的有关业绩管理工具的培训辅导，视其反应和倾向，帮助判断如何选择相关业绩管理工具。

第十四章 构建领先级业绩管理体系，直通成功彼岸

一、领先级业绩管理体系的内涵

传统的经营计划和业绩管理方法存在一定的缺陷，无法满足新经济时代保持竞争优势的要求。在新经济时代，成功的企业都是那些能快速将策略付诸实施，进行灵活有效的过程管理，统一员工思想，发挥员工潜能的企业或组织。未来企业必须做出带来突破性业绩的计划，重组业绩管理体系，有意识有计划地突破企业经营业绩。一个优秀的业绩管理体系将有助于负责人们开发高质量战略计划，制定雄伟目标并密切跟踪执行情况，保证战略目标的完成，保证价值创造的持续性。企业实践证明：卓越的企业业绩管理体系都是独特的，必须按每个企业的需要和特点“量体裁衣”，并非“放之四海而皆准”。

有人曾送给冰球巨星韦恩·格雷茨基一句话：“好的冰球手滑到冰球的位置，而伟大的冰球手则滑到冰球将要到达的位置。”这句话同样对企业家们适用。作为处于市场竞争中的企业，不应经常处于“冰球所在位置”，因为这样不足以超过竞争对手，而卓越企业经常处于“冰球将要到达的位置”。在当今日新月异、极具竞争性的社会，只有那些“抢先入局”的企业才能真正获得竞争优势。怎样才能争取第一个到达制高点呢？企业必须领先，企业做的每件事都是领先级，尤其是至关重要的业绩管理体系。业绩管理是一项系统工程，能够为企业持续创造价值作出重大贡献。

领先级业绩管理体系如图 14－1 所示，包含卓越的战略管理、预算管理、计划与过程管理、业绩管理等四大主体。

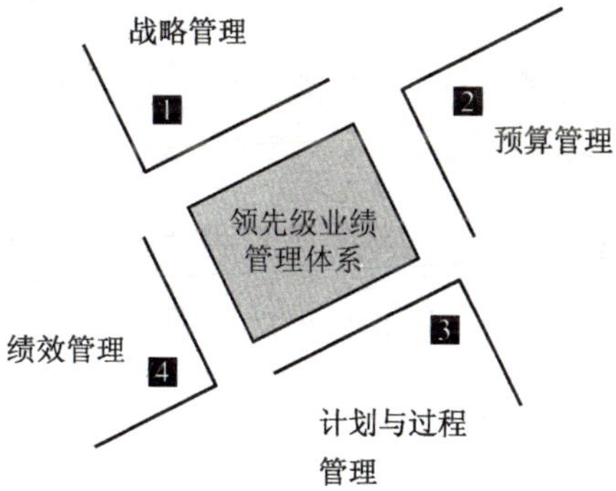

图 14－1　业绩管理体系的主要内容

二、构建领先级业绩管理体系的重要性

企业管理实践证明：高质量的业绩管理体系可保障企业持续、健康良好地运行。专业文献和案例研究表明：有效实施业绩管理体系的企业，在财务和非财务方面，比其他企业运行更好。领先级业绩管理体系的优点在于：

（1）在企业范围内将企业战略转化为实际中的定性目标和量化目标。业绩管理报告更完整、清楚地反映重要经营活动。各项管理得以加强，部门职责与业绩的关系清楚。管理重点放在企业的关键问题上，对提高企业经营业绩大有裨益。

（2）其作用如同“预警”系统一样，一旦发现潜在重要问题会发出信号，相关责任者可提前做好纠正和预防工作。

（3）各级管理层都能获得高质量的经营管理信息，从而提高决策效率。优秀的业绩发表制度加强相关责任者的自我管理和控制。各级员工明确各自的目标，清楚自己应怎样做，其工作结果也能得到定期反馈，个人潜能得到全面激发。

（4）学习型组织的理念在企业中得到加强。员工注重不断学习进步和发展，业绩期望值也不断提高。内外客户的期望驱动着企业员工的行动和业绩，加强全面质量管理。

（5）企业文化受到影响，业绩管理过程要求企业提倡的价值和它实际衡量和奖赏的价值保持一致。信息标准化同时得到提高，企业各级管理层的决策行为有了更好的依据。

三、运行领先业绩管理体系的有效措施

世界级冰球手也会遇上其他冰球手一样的障碍，同样道理，虽然企业采用领先级业绩管理体系大有益处，但同时也会遇到问题。为了保证企业克服常见障碍和问题，企业领先级的业绩管理体系运行中需要采取以下常见有效措施：

（1）建立高效责任体系。必须清晰透明地规范各级管理层的任务和责任，并且与业绩管理体系全过程保持一致。

（2）平衡企业战略计划的短期和长期重点。战略计划要分解到实际的短期目标中，并付诸实施。将非财务价值驱动因素作为未来发展的主要业绩指标，具有更深的认识。

（3）构建以价值为基础的战略运行体系。将眼光放在将来，通过财务和非财务驱动因素与企业运营联系起来，在全公司使用一种标准来计算测量和管理价值，使战略融入整个企业。

（4）实现和提升管理信息透明度。不同管理层需要不同的管理信息和报告，必须有较高的标准化水平，信息技术必须跟上。这样就能使企业领导能够在合适的时间获得合适的信息，作出最佳决策，采取最佳行动。

（5）关注真正的重点内容。注意例外、分析和行动，停止试图知道一切细节的做法，摆放重心，提高制定决策和采取行动的效率。

（6）强化业绩驱动行为。促使管理者则做到“言行一致”，个人目标和报酬同时与企业战略目标保持一致。责任和前瞻性应是企业应用的关键理念，这样才能提高企业整体表现。

（7）平衡、综合与简化。将战略、预算、计划、过程和业绩管理体系联系起来，同时又要保持体系简单明了。

四、战略、预算、计划及业绩管理的关系

俗话说：“一年之计在于春”，一般每年春节前后，每个企业都会反省自己的战略方向和战略定位，为未来一年规划制定详细的行动方案并为该方案配备相应资源，并向各部门下“责任状”。

企业在运筹帷幄、规划未来发展时，要处理好以下几个问题，否则功亏一篑：

（1）如何制定企业的发展战略？如何制定战略切实可行的落地方案？

（2）如何配置企业有限的人、财、物资源？

（3）如何为每个部门、每个人设定目标？

（4）如何客观科学地把业绩考核体系和预算指标体系结合起来？

经过近20多年的市场经济氛围的熏陶之后，我国多数企业对战略的重要性的认识已经到了一定的水平。企业制定了好的战略并不意味着企业一定能够成功，战略管理能力是要把战略变成可行的行动计划，随着企业环境的变化而不断调整自己的行动方案的。

行动计划制定后，需要详细分析计划需要哪些资源，企业是否具备，短缺的资源如何获取。如资金不足时，我们用什么方式获取资金？还要分析这个方案有那些潜在问题，这些问题的发生的可能性、影响程度及

对策。

制定中长期的行动计划后，再根据企业现有的资源制定最近一年的业务计划；依据业务计划调整企业的组织结构；每个部门要依据企业的经营计划制定部门的工作计划；个人要依据部门的工作计划制定个人的工作计划。这些计划要把目标从业务规划落实到具体作业层次，这样才能够确保计划的客观性和可行性。各个部门的业务计划应协调一致，部门中的每个员工的作业计划也应协调一致。

不同部门、不同层次的部门负责人不仅要参与经营发展计划会议，详细讨论发展计划的准备，还要向企业的业绩改善小组演示和辩护自己负责的那部分计划。企业应鼓励负责人，在掌握趋势、追踪区别和弥补差距的同时，深入了解自己管理的业务单位，对短期目标大胆想象，对长期目标注入战略思维。会议中，总经理对计划及其假设要进行毫不留情的质疑。各业务单位必须毫不动摇，沉着答辩。假如计划导致利润计划和预算背离，业务单位要准备一份详细解释上交业绩改善小组，因为“管理靠的是数字，而不是奇闻轶事”。

计划的格式必须统一。这样做便于业绩改善小组把业务单位的计划合并在一起，比较各部门的计划和跟踪过去和将来的业绩。

预测和实际结果之间的差别必须解释清楚，这样，就能累积起历史上重要业绩指标，深入了解计划的质量，明白背离的原因。

业绩改善小组依据对该行业的了解，根据业绩的分析结果，对各业务单位的计划进行提问和质疑测试，目的是保证各业务单位的行动足以完成制定的目标。行动计划的每一部分都落实到人，经批准后严格执行。如果所属承担业务部门放弃，业绩改善小线应严加盘问。

制定详细的作战计划后，为将要“上战场的战士”准备好弹药和补给并确认每个人的目标。在企业中就是作好财务预算，把资源配备到位。财务部门为各部门提供资料支援和经营分析，部门把完成自己的业务计划所需要的各种资源算清楚后向上汇报。

在预算管理中容易犯以下几种错误：

（1）没有企业业务计划，直接做预算，各个部门的预算脱钩，这样的预算是无本之木，无源之水。预算难以起到配备资源的目的。

（2）财务部门制定表单，依据企业业务计划和历史的资料，把费用、收入等财务目标强加各个部门。这样做的预算不能够得到各业务部门的理解和执行，只能是抽屉的预算，不具备可操作性。

（3）超越预算需要改变的管理重心，具体如下表 14－1 所示：

表 14－1　企业预算的传统重心与新重心对比一览表

№：________

项目	传统重心	新重心
制定目标	通过协商 全年固定不变 以财务目标为重心	全年不断调整 相对性，与竞争对手相比 以最大幅度提高为重心
细化战略	从上到下 下级管理层不参与或很少参与 某一阶段固定不变，保守	根据各级管理层的情况行调整 灵活，对环境做出反应 激进，充满完全主动性
争取进步	年循环 以提高功能为主	持续循环　旨在创新 以改进程为主
资源管理	以年预算为基础 决策远远早于需要资源的时间 以有形资产为主	以最近的预测为基础 需要资源前夕作决策 以无形资产为主

续表

项目	传统重心	新重心
协调预算	以紧密联系的（部门的）预算为基础	以紧密联系的（部门的）行动计划为基础 以协同作用和最佳实践为重心
成本管理	以维持成本预算为重心 分配管理费用 通过预算管理成本	以降低成本为重心 内部市场决定了服务成本 去除无附加值的成本
作预测	以调整的预测为基础 过于详细，费时	以滚动预测模型为基础，高水平，有效率 以达到战略目标为重心
计测和控制	以中央控制为主 必须解释预算变化	以相关业绩为重心 注重业务单位业绩和全组织业绩
授权	中央决策、注重规则和程序 不激励承担风险	各单位有决策自由、注重学习和获取经验 激励承担风险

企业决策层通过制定计划，给各部门及各级员工制订业绩指标、配备相应资源，并不能完全确保目标的实现，还需要设计一个严密的监控体系跟踪计划的实施进度和效果，并对新出现的情况作出迅速反映；同时还需要一套科学合理的业绩考评体系，让管理层和员工明确企业对他们的期望目标和衡量指标，以及达到目标后的激励或回报（不一定都是物质的）。在企业实际运营中，管理者可以借助各种层次、频度的管理报告来监控业务计划进度，通过分析关键业绩考核指标来及时地发现问题，迅速采取相应的行动方案。或者对原有全面预算体系和关键业绩指标体系作出必要的调整，使之更好地适应企业实际经营情况和市场环境不断变化的需要，实

现企业既定的战略目标。

五、导入领先业绩管理体系的注意事项

1. 理解改进项目的目的

有没有必要进行改进？我们希望达到什么目的？谁应该参与？需要花费多少时间和资金？时机是否合适？

2. 评估业绩改进的潜力

了解企业经营决策层对业绩提高的期望值，评估企业及业务单位业绩提高的可能性，与此同时，还应搞清高级管理层启动改进项目的意愿程度，是否愿意积极参与。

3. 确定改进目标

根据企业现状和改进的潜力，确定改进项目的目标合理期望值。测算目前的业绩水平与期望值之间的差距，并讨论弥补这一差距所需的时间和资源。确定改进项目的起止日期。

4. 确定项目实施方法

研究方案对所需资源、员工质量、时间选择等等产生的影响。方案级高级管理层审批。

5. 确定优先次序

高级管理层支持业务单位并决定先执行哪些改进计划和执行的次序。

6. 成立项目组

给项目组配备开展项目的资源，当作一个整体进行管理。确保有合适的知识管理系统，制作可轻易访问的进展报告和进展步骤。

7. 制定行动计划

做前期准备的行动计划时，将项目的特殊需要考虑进去。为项目确定相关的关键业绩指标 KPI、时间选择和里程碑，确定所需的信息技术。

六、导入领先业绩管理体系时着重考虑的问题

企业在试图采用领先业绩管理体系，比如关键成功因素 CSF/KPI 或平衡计分卡改进业绩管理体系时，应该着重考虑如下问题：

（1）事先仔细分析当前业绩管理体系的瓶颈在哪里，否则，改进计划很难圆满解决这些瓶颈。结果将是：大家没有真正实行“改进”计划，而继续走原来的老路。

（2）要成功地完成业绩管理体系的改进项目，必须有未来使用者和领导的参与和投入。如果项目在他们心中不重要，项目肯定会失败而告终。重要的是，要不断向他们宣传改进的优点，告诉他们这些新方法在实践中的好处。

（3）在实施业绩管理改进项目时，制定有条理的推行方法会促进负责人接受。最好选择在其他企业已经成功使用过的方法，这样可以避免许多不必要的问题和反复，让大家事先看到预期结果，这样不但对大家有鼓舞作用，而且还能参照预期结果跟踪项目进展。

（4）由于运行改进后的业绩管理系统带来的最大变化之是大家的业绩变得更清楚、更透明。所以也是对部门负责人的一种威胁。如果企业里存在严重的抵触文化，大家将试图拖延或操纵 KPI 结果。在实施业绩管理体系改进时，将处罚性管理方式变为指导性管理方式，把重心放在业绩提高上，改进的业绩管理体系主要用于计划预测业绩而非责备管理，这样就不会给部门负责人带来多大威胁，人们也易于接受新系统。这种管理方式的改变是改进项目中最困难的一面。

七、导入领先业绩管理体系的可行性分析

在改进项目前，用“是”或“否”来回答以下问题，不确定时用

“×”。出现的“否”或“×”越多，表示在启动业绩管理改进项目之前，企业需要准备工作越多，这些问题构成了在项目开始和开发 CSF 和 KPI 之前，一个企业必须达到标准。表 14－2 是为某典型企业做的可行性分析案例。可行性分析中的 10 个问题如下所述：

表 14－2　某典型企业完善或改革业绩管理体系的可行性分析项目示例

1	可行性分析提问	是/否/不确定	备注
2	部门是否意识到目前的信息系统不能为他们提供足够的支持	是	部门得不到想要的信息，很有怨言
3	企业经济效益稳定吗	否	已开始重组，有些人将被辞退
4	业绩改善小组是否积极参与改进项目	是	总经理已经保证支持改进项目
5	企业是否很清楚自己在市场的地位	是	最近作了客户调查
6	企业是否制定了任务和战略	是	战略目标是近期明确的，比较清晰
7	企业是否很清楚经营与部门间的关系	是	只有部分合作，彼此不了解对方的业务
8	是否有足够的资源进行改进项目	×	目前没有利润
9	目前企业内进行的其他变革的项目是否与此改进项目有关	是	没有进行其他与改进项目无关的变动项目
10	企业有公开的交流信息平台吗	×	员工更愿意和我们共享信息，而不是和他们的经理。
11	要开始业绩管理改进项目吗	否	正忙于组织调整

表 14－2 中得到几个“否”才表示一个企业最好不要启动业绩管理改进项目。有时候，在实施改进项目的同时，可以进行一些更正性项目。在

另一些场合，一个“否”就意味着该企业推迟实施改进项目是明智之举。是否决定启动改进项目在很大程度上取决于企业的具体情况。

八、企业战略与经营计划成功“落地”的八大秘诀

企业有效业绩管理要求使用关键成功因素关键业绩指标（CSF）和平衡计分卡来促使战略和经营计划成功“落地”。以下为笔者通过多年咨询管理实践中总结的我国企业战略及经营计划“落地”的八大秘诀：

1. 企业构建专门负责业绩改善的团队或小组

企业成立业绩改善项目小组 PIT（Performance Improvement Team），召开启动会议，把新的业绩管理体系和项目的推行计划通报全企业，让各业务部门作好准备，分发启动会议记录。

2. 企业战略目标细化和分解

业绩改善小组需要开发企业级 CSF/KPI，企业经营管理层与业绩改善小组一起研讨，找出实施企业战略目标的指标（要求与部门含分企业的战略相互支撑）。在此过程中，企业必须选择最关键的努力来达到期望的结果，必须把重心放在最关键任务上，并时刻跟踪结果。

3. 明确关键经营计划活动

企业战略明确后，还要明确完成战略目标所需要的“关键经营计划活动”来作支持。如图 14－2 所示。

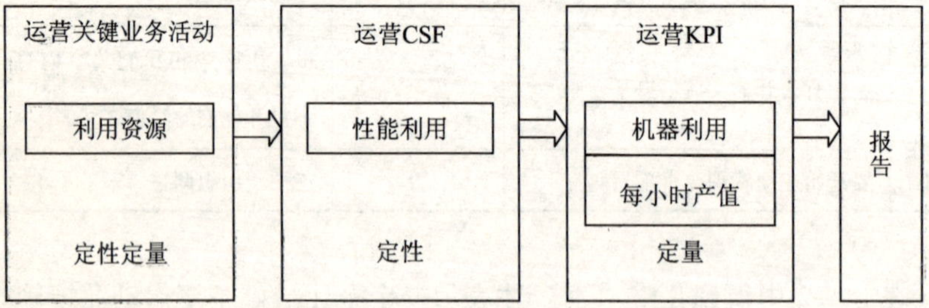

图 14－2　关键经营计划活动运行图

通过图 14－2 的测量结果需回答以下问题：

（1）跟踪完成目标或关键经营活动结果回答：“成功完成关键经营活动后，结果是什么？

（2）跟踪完成目标或关键经营活动的关键努力的 CSF 回答：“为了胜利完成关键经营活动目标，必不可少的是什么？”

要达到成功结果需要多种努力，但只需要监测关键努力指标。关键努力指标是指最有可能达到期望结果的努力的指标。在开发目标 CSF/KPI 和指标过程中，用以下质量标准来保证所开发的目标、措施、指标等既具体、可以计算测量、相关，又有时间限制，例如：

1）目标必须标明达到最终期望结果的活动。

2）目标的描述必须具体，而非抽象。

3）目标必须涉及受任负责人的责任领域。

4）每个负责人承担的目标有数量限制（不超过 5～7 个）。

召开所有经营管理层研讨会，为每个战略目标确定 CSF 及相应的 KPI，形成 KPI 定义草案，要求为：

1）KPI 定义应该精确、易懂、完整（如定义中每条术语造句只能有一种解释）。

2）KPI 在考核中应该能够通过公式计算（企业必须具有相关的程序、手段和一定的信息系统支持）。

3）KPI 定义要包括报告周期和频次（如：月、每季或年）。

4）KPI 指标负责人认为通过努力可以完成的。

5）KPI 指标目标值有一个特定范围。只有在结果超出范围时（正的或负的）才能采取改善。

研讨结束后，把讨论结果整理出来反馈给企业经营管理层征求意见，如表 14－3 所示。

表 14 - 3　KPI 指标示例

战略目标：高速增长 CSF：销售增长（率）		
KPI	定义	报告频率
净销售量增长	本期和上期净销售量的差异	月
市场份额倾向	市场份额变化	季
销售量	本期和上期销售量的差	月
CSF：成功的新产品（KPI）		
KPI	定义	报告频率
新产品	推出产品的数量	季
新产品销售	新产品销售比对总销售	月
成功的新产品	成功的新产品数比对新产品总数	年
客户清单	取得的新产品客户清单比对寻求清单总数	季

挑选最能计算测量战略目标的 CSF 和 KPI。对企业战略级的 CSF/KPI 评分，分值 1 ~ 5，计算出每个 CSF 和 KPI 的平均分，绘成表格，发给参会人员。负责人们只讨论平均分为 3 分以上的指标。3 分以下的指标则予以放弃。必须确保一个目标有至少一个结果 CSF 和不超过两个努力 CSF 进行计算测量。还有，负责人们为每个 CSF 最多只能选两个 KPI。要是有人强烈要求某一个指标应该加进去时，应尽力说服其他人将该指标加进去，最终形成企业级 CSF/KPI 指标。如表 14 - 5 所示。

表 14－5　企业级 CSF/KPI 指标示例

年度重要业务领域	CSF	KPI 指标（1、2、3）	KPI 指标完成策略		
			完成措施	完成时间	承担的部门
研发					
供应					
销售					

开发部门/个人和运营 CSF 及 KPI，同样需在研讨会中完成，开发出来的部门 CSF 和 KPI 指标必须与企业的指标相对应。

4. 企业业绩指标筛选与判定方法

（1）罗兰贝格的逻辑因素判断法：企业战略与经营计划通过层层分解后，形成多个 KPI 指标组成的指标库，业界常用罗兰贝格的逻辑因素判断法来进行筛选与判定。逻辑因素判断法主要通过逻辑关系的判断，把潜在意义上的指标变成真正意义上的指标。潜在性 KPI 并非真正意义上的 KPI，具体筛选流程可通过如图 14－3 所示的各项考核项目进行剔除和筛选，形成最后真正的 KPI。

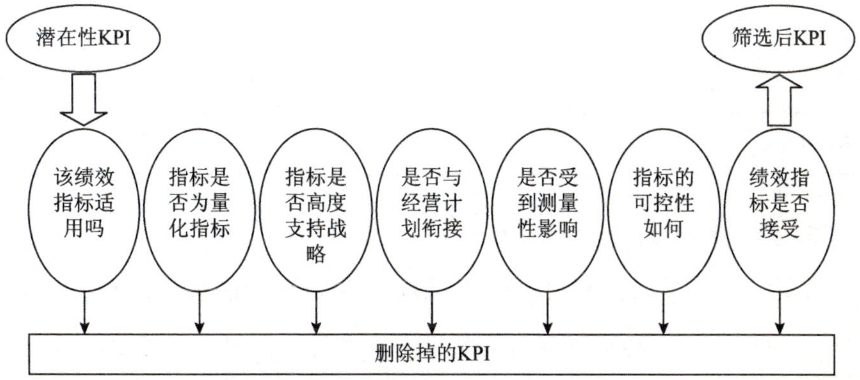

图 14－3　潜在性 KPI 筛选方法

（2）八纬度筛选法：八纬度筛选法是筛选 KPI 的另一个主要方法，通过指标与责任者的相关性、指标的可控性和可实施性、准确性以及指标是否量化、是否可低成本获得数据，与战略阶段的一致性以及对战略的贡献度这八个方面为筛选项目，具体如表 14－5 所示。

表 14－5 八纬度筛选法示例

KPI 筛选纬度	八纬度筛选法								备注
	① 指标与责任者的相关性	② 指标的可控性	③ 指标的可实施性	④ 指标的精准性	⑤ 指标是否量化	⑥ 是否可低成本获得数据	⑦ 与战略阶段的一致性	⑧ 对战略的贡献度	
人均产值									
人力资源调研分析报告编制完成时间									
人力资源调研分析报告编制的质量									
客户满意度									

5. 企业业绩指标结构性分析

如图 14－4 所示，业绩指标可以从以下六个方面进行结构性分析：定量和定性指标，战略性指标和职能性指标 KPI，时间、质量、数量和成本指标，长指标和短指标以及 BSC（财务、客户、过程和员工）学习成长以及财务投资、技术研发和生产制造、企业管理和市场营销。一般

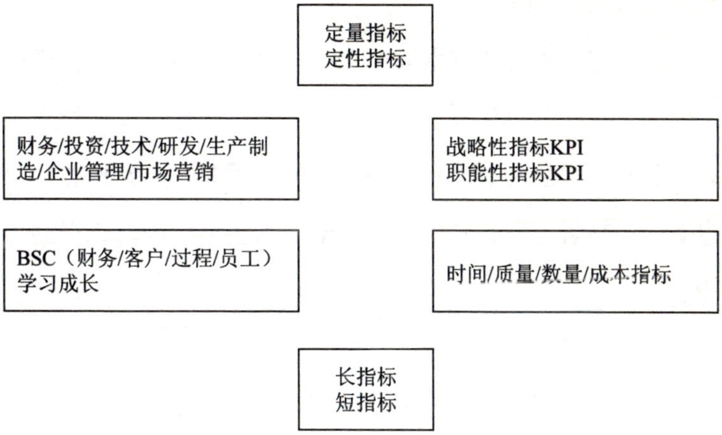

图 14－4　业绩指标的结构性分析

而言，部门和关键岗位的考核指标大约为 4～8 个，这是一个折中的平均范畴。

6. 企业运用统一的格式制定 CSF/KPI

如果不统一、精确地定义这些指标，跨部门讨论很难达成的共同认识，更无法用管理信息系统准确有效地对指标进行评估和信息共享。对每一个 KPI 给予详细的定义、计算公式、数据来源、计分标准、采集周期、采集依据等。

编制 KPI 考核表，考核表的统一格式规范如表 14－6 所示：

表 14－6　部门________岗位________月 KPI 考核表

维度	分值	指标名称	指标定义	计算公式	基础目标	挑战目标	计分标准	数据来源			得分	备案资料
								来源部门	来源依据	提供人		

7. 业绩指标质量检查

业绩改善小组，检查所有指标定义的一致性，相同的指标必须有相同的含义。解决完各业务单位提出的跨部门问题后，将一致性检查结果反馈给总经理。如有完善的必要，对某些含义进行更改。还要检查各业务部门现有信息系统的报告能力，以确保开发出的关键指标能真正得到评估、收集、分析和报告。

8. 执行业绩管理体系的关键要素

（1）业绩管理体系的实施首要任务需要统一思想。

1）业绩管理需要统一指导思想，否则就会迷失方向。思想高度决定发展态势。如今业绩管理越来越成为许多企业管理的重要工具，但同时也成为不少企业的管理难题。笔者在企业界进行咨询培训过程中，经常听到不少 CEO 抱怨：业绩管理年年做，月月乱，似乎流于形式不见效果。另外企业里大多数直线经理不太乐意配合推行，片面认为业绩管理没有实际效用，仅仅迫于上层压力完成表面工作；不少一线员工也误认为业绩考核就是约束自己，会变相降低个人收入，受益的是企业并非个人，为什么要积极参与考核呢？同时，HR 经理、HR 专员常夹在企业和员工之间，受气又受累，两面不讨好，如此种种……如何破解业绩管理“落地”的难题？如何真正使业绩管理产生正向作用与能量？首要任务应该统一员工的思想。

2）个人业绩提升，团队业绩才能提升，个人问题解决好，自然大家的问题就容易解决。如何才能提高自身业绩？戴尔·卡耐基曾说过：“一个不能给他人带来财富的人，自己也无法获得财富”。因而人必须持续地为他人创造价值。“你不为老板创造价值，老板拿什么来支付你的薪水?”多劳多得，少劳少得，不劳不得。因此员工首先需要完成自身职业要求和职责，要把努力创造业绩、为企业带来效益作为光荣使命。出色业绩并非人们口头上随便说说就能办到，而是需要付出勤奋、智慧和实际行动。当今是以业绩论“英雄”的时代，业绩是检验一切的标准。综合起来，个人业绩提升的方法可总结如下：

a）拥有上进心的同时，工作要脚踏实地。员工要想不断提高自身业绩，平时工作中要脚踏实地，切勿好高骛远。此外，还要员工有上进心和竞争意识，要敢于跟他人竞争，这样才能不断激励自己向前，争取达到最佳业绩。

b）要敢于挑战自我。人最大的敌人不是别人，而是自己。要敢于除去影响工作的不利因素，要先征服自己。那些能创造卓越业绩的员工不但与同事比赛，而且还不断挑战自己的目标。

c）制定挑战性的目标对提高业绩至关重要。工作目标不明确，一则会使工作没有目的，容易使员工养成马虎了事的工作态度。同时，没有目标激励，工作效率也会降低。

d）多学习新知识才能持续保持吸取到新“营养”。为了顺应事物发展变化，及时补充新知识、学习新技术才是取得良好业绩的最好保证。

（2）实施分阶层、分段落的业绩管理培训，统一业绩管理理念和价值观。

近5年来，笔者在成功辅导多家企业推行业绩管理体系的过程中，亲眼见证不少企业取得业绩管理的精进与突破。业绩管理成效在企业“生根、开花、结果”成功的法宝之一在于总结、综合实施系统化、计划性、分层次、分阶段、PDCA循环式的业绩管理培训。企业业绩管理体系要想成功，必须是全员参与、全员理解、全员认可、全员重视及全员执行，才能最终成功达成业绩的目标和计划。而高效系统化的培训是最好的实施工具。笔者在对企业进行业绩管理辅导和培训时，一般分五阶段进行培训，如表14－7所示。

表 14－7　业绩管理辅导和培训阶段示意表

培训阶段	培训目的	培训内容	培训对象	培训课时	培训师资
各部门业绩责任人培训阶段	1. 了解业绩管理含义 2. 让管理者熟悉 CSF、KPI 和平衡计分卡 3. 了解业绩管理发展阶段 4. 熟练构建业绩体系 5. 掌握业绩体系作业方法 6. 业绩结果与激励 7. 掌握业绩培训方法	业绩管理意义 业绩管理体系构成 业绩目标设计分解 KPI、CSF 和 KPI 开发技巧 考核方式方法 业绩过程沟通与辅导 业绩结果运用与薪酬激励 业绩面谈与改进	各阶层、各部门业绩负责人及 HR	24H	业绩专家
全员普及培训阶段	如何才能提高自己的业绩	如何创造自我的价值		2H	
	同上	内容大同小异，重点放 KPI 的设计与提炼 （大企业可以分部门进行，小企业可以全员实施培训）	全体员工	12H	业绩专家和 HR 业绩经理
分系统、部门培训阶段	1. 本部门业绩诊断 2. 统合业绩理念 3. 本部门业绩难点 4. 企业级 KPI/CSF 如何分解到部门和岗位 5. 掌握业绩操作方式	业绩理念整合 业绩管理问题如何解决 业绩指标如何分解 业绩考核操作办法 业绩面谈与改进	本系统、部门管理者及员工	6H	以 HR 负责人和部门业绩责任人为主

续表

培训阶段	培训目的	培训内容	培训对象	培训课时	培训师资
业绩考核模拟阶段	1. 操作有否掌握 2. 业绩异常如何处理 3. 模拟考核问题解决	通过培训解决模拟中问题 培训操作工具与技巧 员工业绩障碍解除 业绩指标、权重修正	各部门管理者	3H	业绩专家业绩经理部门负责人
业绩推行标准化阶段	1. 业绩管理体系固化 2. 操作标准、规范化 3. 全面有效应用执行	业绩操作方式统一 业绩考核制度执行统一 业绩结果运用与反馈统一	各部门管理者	3H	业绩专家业绩经理部门负责人
备注：不同企业的规模、员工素质、管理者水平不一样，培训的频率、次数、课时、细节不一样，视情况而培训；但必须是全员、全过程、全方位、全部理解、认同、实施、执行。					

通过以上所述的系统地、分阶段、分对象培训，业绩理念、价值观、体系、流程、操作要领、方法等在全体员工的脑海里就形成大致框架，构成有机的整体，大家的拥护和支持程度高，成功“落地”的可行性就会增大。

（3）建立业绩管理员作业规范。

1）业绩管理员文件管理规范体系（见图 14－5）。

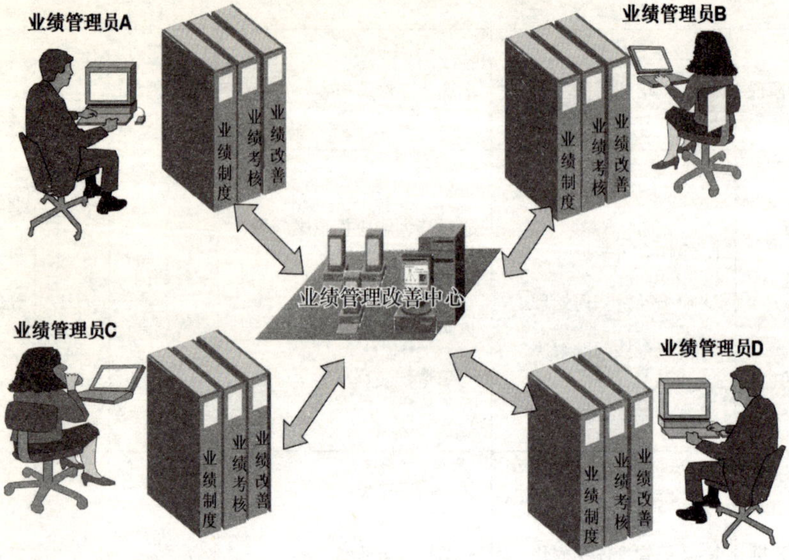

图 14－5　企业典型业绩管理员文件管理规范体系一览图

2）建立业绩管理员作业规范体系（见图 14－6）。

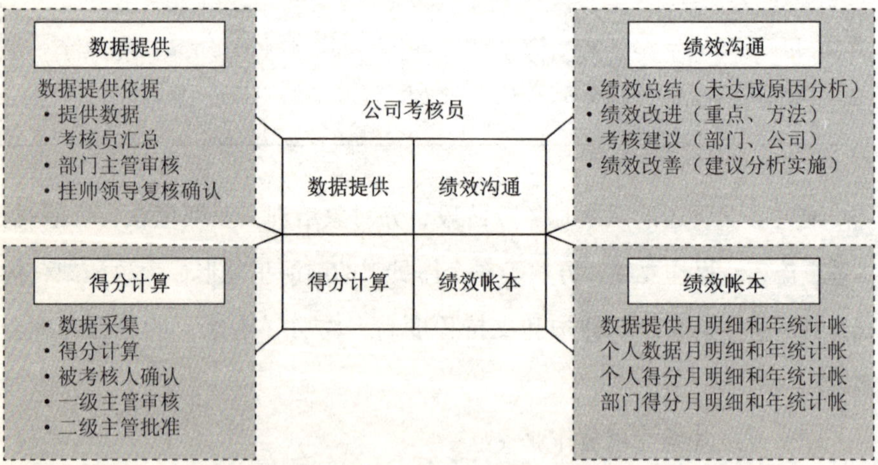

图 14－6　企业典型业绩管理员作业规范体系一览图

（4）建立内外部双向沟通机制。

1）内部沟通：通过企业网站、宣传栏、员工座谈会、会议等多种途径，进一步统一员工思想，向员工传达企业的发展方向和业绩目标等，并通过生产经营例会、职工代表大会、年终总结大会等方式传达，确保双向沟通。

2）外部沟通：通过因特网、订货会、供应商和经销商洽谈会、用户走访等多种方式向各相关方传递价值观、发展方向和业绩期望。

（5）营造有利于授权、主动参与、快速反应、遵纪守法、诚信经营以及创新的工作环境和氛围。

1）自上而下赋予员工参与决策和采取行动的权限和责任。使之能够自我管理、自我控制、自我改进、自我创新。加大业绩检查奖罚考核力度，把现场评定结果与岗位工资考核结合起来，进行全员参与的动态管理，现场纠错，现场整改，当月与工资挂钩兑现。

2）营造主动参与的文化氛围，通过 QC 小组的现场管理活动，提合理化建议等形式，激励员工主动参与管理，参与改进，提高自身素质。建立民主管理运行机制，完善职工代表大会、企务公开制度、民主评议干部，设立员工建议箱，让员工参与决策，将其同民主生活会、合理化建议、座谈会等活动有机结合起来，确保广大员工行使对企业事务的知情权，对企业管理决策的参与权，对企业领导的监督权以及对自身利益的维护权。

3）建立引导、激励和管理创新的机制，调动全员的劳动积极性。在各部门车间全体员工中开展创新申报工作，鼓励员工在工作中搞创新，提合理化建议。并通过一系列制度、措施等激发员工的创新热情和潜能，为企业的产品、服务和过程带来富有意义的变革，并为企业的受益者创造新的价值。

4）营造学习型组织、营造全员学习的氛围。出台激励学习、鼓励学习的政策文件，使全体员工都积极参与到与工作有关问题的识别和解决中，不断获取和共享新知识，形成持续的适应和应变能力。通过创建学习型组织，提出构建员工终身职业生涯培训体系，并建立培养、考核、晋升、待遇一体化的用人机制，将培训工作纳入企业目标计划，作为对各级管理者和每位员工的一项考核制度，通过行政和经济手段来保证培训效果的实现。

九、业绩评价、分析与改进

1. 业绩评价与分析

业绩评价与分析的主要内容包括选择、收集、分析和管理企业各种经营数据和信息，监测企业日常运营情况、业绩和目标完成状况，为企业、各部门及员工的业绩改进提供依据，并促进相关部门或个人提升业绩。通过监控所有目标业绩指标的实现情况，并责成相关部门按分管目标，收集和分析与业绩有关的数据和信息，自下而上反馈给企业的信息综合管理部门作进一步的整合与分析。

选择有效的数据，包括竞争性比较和趋势性评价数据，以及对标数据（与标杆的比较数据）。竞争性比较数据主要来自企业所在的领域或行业，通过对比分析，可以明确企业在整个行业中的地位；趋势评价包括企业相关业绩趋势，竞争对手、标杆企业发展趋势数据。合理选择和收集并及时、准确、科学地整理数据和信息来监测企业的业绩。通过对比评价、分析，评价企业成就、竞争业绩以及长、短期目标进展的业绩，监测战略规划进展情况的关键业绩，分析主要价值创造过程和关键支持过程的关键业绩，最终为改进与创新提供依据。企业高管通过对生产、经营、财务、市场等各类信息进行汇总和分析，以识别不足和改进机会，支持领导决策。

正确选择和有效应用主要的对比数据和信息分析结果，包括竞争对手和标杆的数据和信息的分析，支持组织的经营、战略决策与创新。根据实际情况，确定主要业绩测量指标：①顾客满意度；②方针、目标；③员工满意度；④管理业绩；⑤战略评审分析；⑥内部审计；⑦财务管理；⑧生产过程。对所有可用、重要的信息和指标，识别数据和来源，比较企业的过去与现在的运营形势，以及与同行业、同级别、最佳级别和利润领先企业比较，找出差别和改进机会。信息分析系统汇总分析识别的改进项，进行适宜的成本、效益分析评估，支持企业的经营、战略决策与创新。

为了确保业绩分析的有效性和效率，企业必须定期进行经营分析、管理评审、方针目标完成情况分析等工作。评价和分析业绩的主要内容包括战略目标、市场预测、经营结果、行业对比、发展趋势等。企业一般在年底结合平常的过程测量结果，把业绩指标分为引导指标和滞后指标，通过进行线性回归分析来识别引导指标和滞后指标之间的联系。在年底进行的综合战略评审中，企业决策层通过详尽的业绩分析报告来评价企业的市场地位、优势和劣势、竞争能力，识别机会和挑战，衡量现战略规划的适宜性，修订战略规划，指导下一年的工作。

最后，将业绩分析结果传递到各部门及各级员工，为其决策提供有效支持。业绩分析结果通过通报会、通知、公告等方式沟通至所有部门和员工，为企业决策寻求最广泛和有效支持。

2. 业绩的评审

（1）定期评审企业经营业绩和经营能力。企业决策层根据企业战略目标和规划，分解制定企业经营具体行动计划，构建完善的业绩评价体系，制定业绩管理制度和流程，对企业经营方针和目标进行制度化和流程化管理。

（2）评价企业在竞争中的应变能力。决策层通过定期对标（与竞争对手和标杆的比较），明确优势，找出差距，制定下一年度的目标，并通过目标确定，科学调整战略，改进不足，增强企业的预警和应变能力。

（3）定期评审关键业绩指标。实时掌握企业的经营情况是决定企业成败得失的关键，企业决策层经常进行销售额、市场占有率及客户满意度等综合评审，做到“防患于未然”，及时发现问题并及时调整经营思路。

（4）根据业绩评审结果，企业决策层有针对性地确定改进业务的优先次序，组织相关人员落实改进措施。

（5）评价决策层领导业绩。为提升企业管理的透明度，企业定期组织股东、员工、顾客、供方及社会代表等利益相关者代表参加决策层领导力评审会议，采用多方位、多角度的方法，由上级、下级、平级等来评价高层领导业绩，并实时反馈给每位领导，所有高层人员都要根据评价结果制定完善整改计划和措施，开展自我评价，接受反馈信息，改进领导集体的效率和有效性，并落实到下年度的业绩考核计划中。

3. 成果分类管理

将经营业绩现场改进成果、合理化建议进行分类管理，定期召开业绩回顾和管理创新成果推介会。

4. 经营业绩的反馈与改进

采用正确合适的方法，充分灵活地使用测量和分析结果，促进相关方业绩的提高和改进。

业绩改进由各部门自行进行，改进过程按 PDCA 方法进行，改进效果的验证由各部门负责，改进效果的确认由业绩管理改善小组负责，确认后本次改进实现闭环。

利用 PDCA 来改进和校准过程。通过综合分析各部门数据、信息和分目标完成情况，制定改进“计划”，将“计划”具体分解到各部门并组织“执行”，再以跟踪“检查”确保业绩达到期望水平，收集“检查”获得的数据、信息进行分析得出结论，再依据结论进行“处置”，即基于分析结果调整过程并将不足和存在的问题带入下一个 PDCA 循环。

积极开展5S 管理活动，组织全体员工学习5S 内容，即：整理、整顿、清扫、清洁、素养的具体工作要求。以5S 规范员工的日常工作行为，并采用多种方法评价改进情况。

开展 QC 小组活动以提高人的素质，发挥人的积极性和创造性，改进质量，降低消耗，提高经济效益，通过荣誉激励、物质激励、培训激励、组织激励等手段调动全体员工参加 QC 小组活动的积极性。

应用统计分析方法，比如，排列图、因果图、饼图等，充分利用数据、信息和知识为各部门以及所有层次业绩的改进提供支持。

第十五章　适时引入刚性排名提升业绩管理效率

美国一项连续跟踪发现：连性格最开朗的工作狂都对老板迁就业绩差的员工有怨言。著名管理咨询顾问公司麦肯锡（McKinsey）最近对大公司经理进行的一项抽样调查发现，仅16% 的经理认为自己的上司知道谁是业绩优秀者，谁在工作中推三阻四，不尽职尽责。无独有偶，《哈佛商业评论》有文如此撰写："在接受访问的数千名资深经理中，96% 的人认为，如果企业对业绩差的员工能够更严厉就好了。"多数企业管理实践证实：业绩管理体系的科学合理性不单单体现在设计方案上，其具体实施和执行效果往往因企业而异。不少企业因为无法克服业绩管理体系执行中的顽症而对业绩管理体系本身产生质疑。

业绩管理要发挥其应有的效用，需要克服两大痼疾：一是员工业绩评估等级虚报，不能真实反映员工业绩情况；二是企业业绩结果的应用中不能真正做到奖勤罚懒。正如有专家指出：刚性排名是以上两大顽症的杀手。

一、刚性排名的必要性

美国一家人力资源管理协会（SHRM）的研究报告说："根据对世界范围内335 家公司的基层员工调查，发现32% 的员工认为公司能够容忍业绩差的员工。"著名的惠普公司前 CEO 卡莉 · 菲奥丽娜说过，过去 8 年的员工调查发现，80% 以上的员工认为公司对业绩差的员工并没作适当处理，这对惠普公司业务发展效率造成不少影响。

中国目前不少具有远见卓识的企业领导都不同程度地导入业绩管理体系。但是，一些常规性业绩考核制度及手段的低质量、低效率引起不少对业绩管理的科学、有效性的质疑，而且企业界不少其人对业绩管理发牢骚：普通员工认为自己是业绩考核的牺牲品，认为这种制度“吹毛求疵”，只看缺点，目的是夸大工作中的错误和瑕疵，为降低薪金和惩罚员工服务……有些不称职的经理人员认为业绩管理制度强制他们按照要求对下属员工进行考核，而自认为自己做不到位、准备不充分，容易得罪人……还有些行政管理和人力资源管理人员虽然负责制定并执行各项业绩管理制度，可在实施效果不理想或者实施结果事与愿违的时候，却逃避责任……

作为一个能激发巨大效益潜能的管理工具，为何常规考核制度不起作用？业绩管理为何用起来不顺手？其实是因为业绩管理相比一般管理工具而言难度大、要求高，所以有效的业绩评价和反馈需要管理层具备足够的阅历和能力，需要管理人员具备足够的耐心和技巧、足够的责任心和使命感。而现实中，除了企业家的全力以赴、一心一意，除了员工工作除了明显重大失误或突出成绩的特例外，多数管理人员对员工的不满总感觉很难说出口，为了避免矛盾和冲突，宁愿选择扭曲自身意愿而采取平均路线，“安全地”显示自己不厚此薄彼，最后人人获得皆大欢喜的结果，其实就是业绩管理体系无效运作的结果。

在杰出的企业里，激烈的内部竞争、频繁的业绩评价与反馈司空见惯：微软公司每年会解雇业绩评价等级排在最后5%的员工；通用公司将员工分为三档，即20%的杰出员工在高档，获得丰厚的奖励；70%在中档作为称职员工存在；10%的不称职员工在低档，会获得不同程度的降薪或解雇。这便是刚性排名的作用。因为大企业的经营失败往往因为疏于对员工进行客观评价，疏于对员工去芜存真，因此大凡杰出的大型企业对考核对象毫不留情，其业绩管理体系更获得高效运营和实施。

二、刚性排名的优、缺点及适合的范围

1. 刚性排名的优点

（1）刚性排名能够反映真实的业绩管理情况，规避常规业绩管理中的容易出现的虚假现象。一般经理人不情愿对业绩差的下属开诚布公，坦陈其业绩评价差的现实，让下属失去直面自己业绩、进而提升能力的机会。刚性排名可以规避这种经理人因为私心对下属业绩差保持沉默的情况。

（2）刚性排名制还能迫使信息公开公正和公平。刚性排名提倡业绩管理中全方位考虑问题，接纳所有信息，容忍不同观念，积极弥补管理漏洞。

（3）刚性排名要求企业承认人才之间的差异，能准确评估人才的不同能力，使人们直面业绩评价的真实结果。

（4）刚性排名制减少任人唯亲、唯亲是举的行为，还可减少企业不按业绩好坏进行奖励的现象。刚性排名制是规避偏袒、非正当优惠待遇、暗箱炮制等常规业绩考核痼疾的一剂良方。它还有助于企业制定人才管理决策标准，甄选优秀人才，是企业整体人才管理的一种不可多得的替代工具。

（5）刚性排名为所有人事决策提供充分可靠的理论依据，这些人事决策包括但不仅限于加薪、晋升、奖金、发展机会、工作机会、解聘等。比如，刚性排名可用事实说服业绩最差员工、贡献最少的员工接受培训以提高他们的工作能力，否则请他们离开公司，客观上为解聘最差员工提供无懈可击的依据。这一点尤其对中国企业人力资源管理适应新的劳动法具有

重要现实意义。

（6）刚性排名制让经理和企业低调自满心理。因为刚性排名的重要价值之一就是找出并留住优秀员工，让他们得到应有的降俩，得到更多机会，从而为企业作出更大的贡献。

2. 刚性排名的缺点

（1）刚性排名可能引起文化中断，可能造成一个竞争高于合作的局面，可能引起不合作、不友好的过度竞争现象。

（2）某些经理和员工会对刚性排名采取抵制态度，甚至可能因此士气低落，产生消极情绪。

（3）刚性排名毕竟不是客观的评价，而是主观凭借刚性排名或强制分布等相互比较办法作出的判断，可能是主观、臆断甚至欠考虑周全的。

（4）刚性排名不是可持续性方法，因为企业不可能无限“提高水平”。

3. 不适合刚性排名的企业的文化特征

（1）企业发展处于缺乏人才阶段，招聘工作是核心工作时。

（2）在员工晋升和奖励时，任职时间长短与业绩并重。

（3）对员工工作失误的基本态度是同情而非严肃处理。

（4）公司发展求稳多于求新。

（5）与业绩质量相比，业绩评估更重视经验和能力。

（6）员工不习惯接受直截了当的业绩信息反馈，企业也不鼓励经理向员工传达业绩考核结果。

三、刚性排名办法分类

目前国内外企业界采用刚性排名的方法大致分为以下五大类，具体信息如表 15 - 1 所示。

表 15-1　刚性排名方法的分类

分类	说明	典型应用的企业
20 - 70 - 10 排名法	每年度一次，高级行政管理人员进行所有员工的业绩评估结果审议、分析、讨论，将员工分为最好的20%，中间70%，最差的10%。	通用（GE）公司、Sun 等
1/4 排名法	接受业绩评估的被考核者被分配到四个人数相同的等级：前25%、第二25%、第三25%、最后25%。该法迫使经理作出抉择，断了充当“老好人”经理的后路。	百事公司
五分位数法	用5个数字相同的类别，把员工分为五类。排名在第一类的员工得到奖赏和更多的工作发展机会，而排名在最后的员工被要求整改否则自动离职。	电子数据系统（EDS）
前10/后10 排名法（10 - 80 - 10 法）	10%的优秀员工、80%排在中间层次，10% 员工排名在底层。	某大型制造企业、大型信用卡公司等
1 ~ 5 等的排名方式	员工排名分1 ~ 5等，绝大多数的等级在2.5到4.5之间。保证明星员工的奖励超出普通员工很多，还可强令接纳管理采取建设性措施对待业绩差的员工。	微软、中美大都会人寿保险公司等

四、刚性排名让考核结果合理分布

企业管理中通常希望把业绩评估结果当作调整薪酬和晋升决策的依据，这样业绩评估结果的合理分布就显得尤为重要。很多企业希望业绩评估结果要满足正态分布或合理拉开距离。然而实际考核结果往往令人失望，要不就是都密集分布在高位区，要不就是集中在中间地带，即形成考核中常见的“趋中效应”，于是刚性排名中的强制分布法就成为很多企业为实现结果合理分布的常用办法。

应该如何通过实施刚性排名来实现考核结果的合理分布？谁应该拥有“强制分布权”？在公司业绩管理中，考核权是管理决策层的一项重要职权，行使考核权是治理者实现治理目标的重要手段，是否拥有考核权也成为管理决策层能否履行职责的要素之一。在实际考核中，为了防止职权的滥用而影响考核结果的公正性，通常会把考核权进行分解，分为考核执行权和考核监督权。很多企业的考核制度中都会明确规定被考核者的直接上级拥有考核执行权，被考核者的跨级上级拥有考核监督权，应该说，这种职权分解是符合公司治理中的权责匹配原则的，即考核者的上级有监督下属考核工作的公正性的责任，所以就理应赋予其相应的监督职权。

实际考核中，为了防止职权滥用影响考核结果的公正性，通常把考核权分解为考核执行权和考核监督权。而实施刚性排名的初衷也是为了实现考核的公正合理性，而这种公正合理不是在考核过程中得以实现，而是通过对已有考核结果进行调整得以实现的，所以，“强制排名权”是一种考核监督权。既然“强制排名权”是一种考核监督权，那么组织就应该把这种职权赋给考核监督者，而且这种监督权可以直接对考核结果进行调整，所以不是过程监督权，而是最终监督权。

所以，“强制排名权”应该赋给最终考核监督者。最终考核监督者享有“强制排名权”一方面可以使组织的考核监督工作落到实处，同时可以避免有些治理者因为直接下属较少而难以进行合理排序。

企业大都希望最后考核结果呈现“正态分布”，而“正态分布”是一种较为理想的数学模型，需要满足很多理想条件下才能实现，不应该成为所有组织的实行强制分布的目标。在实施强制分布法时，不要过于强求分布的精确度。在实施强制分布时，最常见的是“比例分布法”，通过限制高分员工和低分员工的数量来保证较多的员工得分分布在中间区域，从而实现“正态分布”。如此规定很直观，但实际操作并不容易，尤其对于被考核者数量较少时显得尤为困难，而且在现实考核中，即便满足了比例分布，也经常出现区域内扎堆现象。

笔者根据多年企业管理及咨询服务经验，经常推荐企业实行“差额分布法”来避免上述问题，所谓“差额分布法”即要求员工的业绩考核得分满足预先设定差额幅度来保证其分布的合理性，在管理实践中证实“差额分布法”比“比例分布法”更为轻易操作，又可以避免出现考核得分“扎堆”现象。

五、国内“刚性排名”典型案例——某集团客户的考核结果等级分布情况分析

（1）直接主管根据考核周期内收集到的考核信息、工作业绩改进完成情况、平时的工作表现等综合情况，实施考核与评价相结合，每月对被考核者作出等级（A、B、C）评价建议，A、B、C 等级定义如表 15－2 所示。

表 15－2 某集团企业业绩考核结果等级定义一览表

等级	得分	定义	摘　要	比例
A	90 分以上	杰出	实际业绩显著超过预期计划/目标或岗位职责/分工要求，在计划/目标或岗位职责/分工要求所涉及的各个方面都取得非常突出的成绩。	10%

续表

等级	得分	定义	摘　　要	比例
B	70～89分	正常	实际业绩达到或基本达到预期计划/目标或岗位职责/分工要求，在计划/目标或岗位职责/分工要求所涉及的主要方面取得比较好的成绩；或有个别不足，但不影响整体业绩，且可以改进，也有积极表现	80%
C	69分以下	需改进	实际业绩有多项或主要部分未达到预期计划/目标或岗位职责/分工要求，在很多方面或主要方面存在严重不足或失误，需要通过自身特别的努力或通过调岗等组织行为才能改善业绩	10%

（2）每个年度末，直接主管与分管高管综合全年业绩考核结果，经过充分沟通讨论，评选出年度A、B、C等级。

（3）各部门总监和分部经理的排名等级由总经理或董事长根据以上定义标准在同级类进行综合沟通讨论评定。

（4）分数与等级的匹配关系。分数与等级并非完全严格的一一对应关系，而是重要参考对应关系部门主管可以使用分数进行简单排序，并按照强制性比例分配原则进行等级的划分。

（5）业绩评估结果比例控制。

1）考核等级的比例分配是强制的，所有考核人员都需要按照比例进行考评等级的控制，但不受严格的比例限制（超出比例的需报考评委组长批准）。

2）考核比例由一级部门主管进行平衡，最后由考评委对等级评定在同类职位内进行全方位的比例平衡。

（6）上级主管修改等级评定规定。上级主管在审核中考核得分时，假如发现有不公正现象或者考核结果分布不合理时，可以直接对考核得分进行修正，以保证考核结果满足合理分布的要求，但是修正考核得分要遵循以下规定：

1）加分：有事实表明被考核者的考核得分偏低，可以进行加分，但是加分幅度不得高于6分。

2）扣分：有事实表明被考核者的考核得分偏高，可以进行扣分，但是扣分幅度不得高于6分。

3）对考核得分进行修正时要与考核者进行沟通以达成共识，对考核得分进行修正时要附上相应的依据。

通过刚性排名，虽然主管和员工都有一定压力，但是基本少了以往的抱怨，多了对自己持续努力工作的默许。长此以往的坚持，业绩管理体系的实施效率的提升就不言而喻了。

最后，需要提醒的是：刚性排名制并非什么灵丹妙药，企业在执行业绩管理体系得时候，都应该认真掂量实施办法是否可以保证全面了解员工业绩，是否真的对有突出业绩的员工进行表彰和奖励。如果可以如实说是，那么可以不用考虑刚性排名制的引入。但是如果有怀疑态度或者说不是，那么亟待引进刚性排名帮助其业绩管理体系变得有效。

第十六章 业绩管理体系实施案例

笔者曾经主持实施过多个成功案例足以验证企业推广以上所述的业绩管理体系的重要性及有效性，这里限于篇幅，仅用一典型代表企业——C企业的实施过程来分析说明。

一、项目背景介绍

C企业为国内行业领头企业，员工约3 000人左右，其经济效益每年保持30%的比例增长，目前年销售额在20多亿元人民币，在笔者进驻以前，其业绩管理处于一片空白状态，其企业管理体系也并不完善，没有岗位说明书、企业战略和经营计划并不明确。笔者进驻该企业后，获得管理层的支持，采取一系列有效措施，有效引导、建立并成功实施领先的业绩管理体系，经营业绩斐然。

二、业绩管理体系初建阶段

（1）通过充分有效地与企业经营管理层的管理沟通，笔者所在项目组出具详细的诊断报告《C企业经营业绩管理现状、问题及建议》，该报告经过三天的高管会议讨论，通过该报告的实施整改计划，同时成立业绩改善小组，专门负责此业绩管理体系的导入工作。

（2）在业绩管理小组的敦促下，帮助企业管理层在短时间内高效建立《C企业发展战略》、《C企业长中短期经营计划》、《C企业预算管理制度》、《C企业业绩管理制度及实施办法》等重要的企业政策及制度文件。

帮助企业厘清业绩管理体系及其实施的思路和必要指引。

三、指标建立阶段

（1）按照业绩管理体系的流程与企业经营管理层讨论企业的年度经营计划、GSF和KPI。

（2）与各部门（含分公司）负责人及员工讨论制定各部门及岗位的KPI指标。

（3）业绩改善小组按照审核要求对各部门的考核指标的质量进行分析和审核，看其是否符合管理体系的要求。获得一致通过后将指标体系交给业绩管理负责人进行下一步的工作。

四、实施准备阶段

（1）业绩管理负责人在业绩改善小组完善业绩指标体系及其配套文件后开始实施准备工作。

（2）业绩改善小组认真阅读所有业绩管理指标体系（包括制度）后，开始制作《考核员作业规范》，明确业绩管理作业要求、所需表单和各考核员数据清单，提供清单汇总，按各部门进行分类，分发给数据提供人确认，数据提供表单制作与确认。

（3）制作业绩审计方法和使用表单。

（4）根据实施步骤中的方法，分阶段分级进行业绩管理培训，并对培训结果进行测试，力求被培训人员的培训结果测试达到业绩管理体系要求。

（5）检查考核员的文件管理和作业规范体系是否与体系的要求一致。

五、业绩考核测量阶段

（1）制作本周期的业绩计划进度表，向全公司发布。

（2）业绩管理负责人依据业绩计划进度表，对各项完成的时间和质量严格控制。

（3）各业绩管理员收集数据提供人的数据并加以整理，数据收集审核上传。

（4）各业绩管理员数据登录考核表、得分计算。

（5）各考核表审核、被考核人确认、直接领导和上级领导审批。

（6）业绩管理员登录台账（数据、个人、部门）。

（7）业绩报表由审计监察部和业绩管理部联合对各被考核人的考核结果进行审计、统计审计结果，对审计不合格项下发整改通知单、对整改项目进行结果验证。

（8）对符合 KBI 考核通用指标（扣分项）下发扣分表单。

（9）业绩发布报告制作，各部门考核员收集业绩考核业绩发表报告资料，制作成图表并按企业统一要就制作 PPT。

六、业绩发布阶段

（1）由业绩管理部下发业绩发表会议通知。

（2）业绩改善小组审核各发表人的发表内容是否符合发表要求。

1）上月关键业绩达成情况及个人考核得分与平时工作表现相符程度。

2）上月关键指标目标未达成原因及改善措施（下月报告时需报告上月整改落实达标情况）。

3）上月本部门工作中（包含“业绩考核”实施过程中）值得推广的做法/经验。

4）上月本部门工作中（包含“业绩考核”实施过程）存在的主要问题及改进措施。

5）本月为实现各项目标，采取的主要措施（1－5 条）。

（3）各业绩发表人的发表时间原则为5～10分钟内；各发表人对业绩未达成原因一点一点地向业绩改善小组说清楚，改善措施也要具体明了可操作执行（含执行具体计划和进度）。

（4）半年度进行一次业绩发表总结大会，此会议由业绩改善小组负责。报告内容分三大部分：一是例行的业绩报告内容的整理；二是关键业绩指标数据进行对比分析含同行比较；三是体系运行情况总结和下阶段的计划部署。

七、业绩改善阶段

（1）各部门召开部门业绩会议，并与被考核人进行业绩沟通。

（2）未达成指标下达改善通知书，提交改善、报告备案。

（3）跟踪改善结果，并对改善结果验收。

（4）体系实施一个季度后进行检讨，对不合理的指标进行统一调整，个人个别指标调整时由被考核人或主管向业绩改善小组提出申请，经批准后报分管领导审核调整指标。

（5）对违反制度的，根据制度要求进行业绩处罚。

（6）每月将各自的推广的方法进行汇编整理后发布，供各部门参考，如果被企业采纳，视给企业带来的经济效益大小给予一定的奖励，每季度或半年召开一次管理创新推介会，由业绩改善小组给予现场评定。

（7）业绩改善小组每月将各部门反应的问题进行归类汇总发给相关部门实行专案PDCA解决，列入当月被考核部门过程GS考核指标进行考核。并定期整理汇编成问题词典。

八、C企业在推行业绩管理体系中存在的问题与建议

1. 某些考核结果没有得到合理运用，没有完全达到改善计划目标

考核结果不运用，“只考不改”，一切全白费，意即对未达标、待改善

之处未落实，考核及评价未起到改善和提升作用。业绩考评的结束并不意味着业绩管理的结束，还有许多改善工作需要加以跟进，比如从业绩反馈，更重要的是使业绩管理在下一个循环中更好地发挥作用，我们还应该对业绩管理体系进行诊断，从中发现问题与不足，有针对性地加以改进和完善。

问题解决及改善建议：

（1）每个考核周期结束后，应对未达成的业绩指标按要求进行改善，未改善或改善效果不明显的考评委一定要给予向被考核的部门负责人问责和处理。

（2）部门出现多数高分和数据不真实的：考评委一定要给予被考核的部门负责人问责。并力求立即作出改善和处理。

例如：在 GE，如果一个经理的下属考核成绩全部为优秀，这个经理是要被韦尔奇找去谈话的，不是韦尔奇不相信员工的能力，而是他怀疑是不是考核体系出了问题。如果谈话的结果不是考核体系的问题，那这个经理将被警告甚至遭辞退，因为 GE 需要的是能帮助员工提高业绩、有能力且品德优秀的经理，而不是弄虚作假。

2. 某些部门考核沟通不充分

考核期末，某些考核人未及时将考核结果与被考核人进行沟通，不能使被考核人重视考核周期取得的成绩和不足及改善，未能起到业绩提升作用。实际上，业绩管理就是部门和员工就业绩目标的设定及实现所进行的持续不断双向沟通的一个过程。在这个过程中，经理和员工从业绩目标的设定开始，一直到最后的业绩考核结果，都要保持持续不断的沟通，唯有如此，业绩管理才能真正得到有效的落实，业绩考核才不会流于形式。

问题解决及改善建议：部门负责人应按业绩考核要求，与被考核的员工约定好沟通的时间并事先做好准备沟通工作，给员工未来业绩的改善和提高提供指导性的建议，帮助员工提高业绩水平。

3. 某些领导支持度不够

某些企业领导认为考核是考核者的事情，只给予一般业务上的支持，只是听汇报，没有真正把业绩管理当作一件重要任务从企业层面和战略角度来抓，导致领导支持乏力。大部分工作交给考核者，认为业绩管理做得不好就是考核者的责任，这也是我们的业绩管理体系得不到有效实施的一个非常重要的原因。

问题解决及改善建议：

（1）业绩管理是企业管理层所应致力追求的管理大事，是企业全体员工的事情，上至总经理，下到基层员工，包括企业所有的人。推行要取得高层领导的支持和鼓励，给予考核工作者充分的领导支持，当考核者的啦啦队长、鼓舞者、支持者，帮助考核者将这项重要的工作推行下去，变成日常管理不可或缺的工具。让员工和管理者都能看到这种重视和支持，都能跟着行动起来，共同去做好这件管理大事。

（2）企业领导要做到定期（月或季度）召开业绩考核工作会议，改进考核中存在问题，并通过开会，形成决议。必须做到：对业绩考核的指导、培训、督导、审批、裁决。

（3）在业绩考核工作中，各部门负责人以及企业的考评委在企业的业绩考核当中都要承担起相应的责任，必须对企业的业绩方向和业绩内容负责。

4. 某些部门负责人重视不够，业绩记录不完整

（1）业绩管理实施的主体—直线管理者，没有很好地认识自己在业绩管理中所扮演的角色，没有能够处理好日常管理与业绩管理的关系，导致了执行不力，使得业绩管理的体系、政策、方案、流程不能很好地落地，不能有效地实施。

（2）部门负责人认为很忙，考核是考核员的事，一个月一次的会议都不来参加，业绩考核流于形式，因为他们不愿意为这些在他们看来摸不着头脑的事情上得罪任何人。于是，即使在平时发现了问题，也未记录数据，没有形成必要的完善档案记录，非主指标的部门内部数据和跨部门数据几乎都是零。业绩考核数据提供缺少真实性，自编自演、部门提供的数据均是报喜不报忧、你好我好大家好，不负责任地在考核数据上随意签字，失去了考核的意义。甚至有点部门领导形成了带头为己挣得高分，提出必须要达到多少分以上，否则，拒绝在考核表上签收等非正常工作作风。

（3）在对员工实施业绩考评的时候感觉无从下手，无法准确地就每个员工的实际情况做出准确的评价。致使二级考核以下的多数人员考核结果得分偏高，未能如实衡量工作业绩。

问题解决及改善建议：

在企业业绩管理体系中，直线管理者是业绩考核实施的主体，起着桥梁的作用，向上对企业的业绩管理体系负责，向下对下属员工的业绩提高负责。如果直线管理者不能转变观念，不能很好地理解和执行，再好的业绩管理体系和政策都只能是“水中花，镜中月”，只能与“鸡肋”无异。

（1）部门负责人要注意观察员工的行为和工作结果并做记录，同时要注意保留与员工沟通的结果记录，必要的时候，请员工签字确认，避免在年终考评的时候出现意见分歧。

（2）回到原点：部门负责人在业绩管理体系中应该好好扮演四个角色才称职，即合作伙伴、辅导员、记录员以及公证员。

（3）部门要给考核员充足的时间来做考核工作，数据收集、得分计算、台账登录、总结报告等工作。而且还要给考核员的考核工作全力支持和配合。

（4）经理级以上干部必须重视业绩考核管理，通过业绩考核、业绩沟通、业绩反馈、业绩应用各个流程认真对待，考核才能起到考核的目的。

九、关键业绩指标管理结果

关键业绩指标管理结果，见表 16－1 所示。

表 16－1　业绩指标管理结果

指标名称	2011 年目标	2012 年目标	2011 年平均	2012 年平均	提升
销售计划达成率	100%	100%	90%	110%	20%
员工离职率	15%	4%	12%	3.9%	-8%
物料合格率	88%	90%	82%	96%	14%
成品合格率	90%	95%	95%	98.00%	8%
成品抽检	98%	98.5%	99%	98.98%	-0.02%
成品退货率	3.80%	3.80%	5.00%	4.78%	-2.20%
物料采购及时率	100%	100%	70%	90%	20%
交货达成率	100%	100%	75%	96%	21%
招聘达成率	80%	90%	75%	85%	10%

本篇小结

企业经济效益的发挥受最短的那块“木板”——企业经营管理中的薄弱环节限制。同理，企业的盈利能力并非取决于企业管理某方面的特长，其综合管理能力更为重要和关键，任何方面的管理缺口和漏洞都会导致经营利润的流失。作者从我国企业业绩管理的发展历程回顾、企业业绩管理体系实施中的常见问题剖析和工具选择等进行了详细的分析。总结出传统的经营计划和业绩管理方法存在一定的缺陷，无法满足新经济时代保持竞争优势的要求。在新经济时代，成功的企业都是那些能快速将策略付诸实施，进行灵活有效的过程管理，统一员工思想，发挥员工潜能的企业或组织。未来企业必须做出带来突破性业绩的计划，重组业绩管理体系，有意识有计划地突破企业经营业绩。一个优秀的业绩管理体系将有助于负责人们开发高质量战略计划，制定宏伟目标并密切跟踪执行情况，保证战略目标的完成，保证价值创造的持续性。

在当今日新月异、极具竞争性的社会，只有那些“抢先入局”的企业才能真正获得竞争优势。怎样才能争取第一个到达制高点呢？企业必须领先，企业做的每件事都是领先级，尤其是至关重要的业绩管理体系。业绩管理是一项系统工程，能够为企业持续创造价值作出重大贡献。作者根据多年的业绩管理经验和多家企业的案例，并结合当今的业绩管理工具的特点，将企业的经营战略、经营计划、预算管理、过程管理、业绩管理等有效的整合和提炼成出领先级业绩管理体系。作者还分别就领先业绩管理体系重要性、运行中需要采取有效措施来应付障碍因素和挑战、战略、预算、计划及业绩管理的关系、企业在导入领先绩效管理体系中的重要事项作了深入浅出的解释，并以真实的案例提供给读者参考。

企业管理实践证明：高质量的业绩管理体系可保障企业持续、健康、良好地运行。专业文献和案例研究表明：有效实施业绩管理体系的企业，在财务和非财务方面，比其他企业运行得更好。但卓越的企业业绩管理体系都是独特的，必须按每个企业的需要和特点“量体裁衣”，并非“放之四海而皆准”。作者倡导读者根据企业实际情况，参考领先业绩管理实施步骤，建立领先业绩管理体系直通成功理想彼岸。

附　录

《强企：世界领先企业提升业绩的秘诀》A 企业案例

一、企业背景介绍

该公司是国家高新技术企业，全球行业领导者，有员工 1 万多人，年产值近 100 亿元，员工的积极性未能得到全面发挥，企业经济效益每年不能得到有效提升。

二、项目诊断

经过企业全面的诊断后，对企业文化、发展战略、经营预算、计划管理、信息化、企业标准化、业绩管理等进行了系统的梳理，并出具《管理诊断报告》和《业绩提升行动方案与计划》。此方案经过集团公司含分公司所有高层人员集中讨论三天后，以项目小组形式启动此项目。

三、项目实施

1. 建立行为价值观统一评判标准，即建立企业经营哲学体系

（1）企业经营哲学建立前期先建立起学习型组织，组织干部每天部门展开学习，每周组织干部集中学习，每月组织一次知识竞赛学习。

（2）提炼企业经营哲学，打乱公司几十年的经营文化，对公司的文化、使命、战略进行了重新的审视、梳理、确定。

（3）组织大家学习企业经营哲学。

（4）践行企业经营哲学。

2. 建立过程管控体系

（1）重新将三标一体化梳理落地。

（2）建立企业标杆。

（3）建立内部过程管控体系。

（4）建立企业预算管理体系。

3. 建立业绩管理体系

（1）体系建立：将企业战略、预算、计划、绩效考核运用 BSC 平衡计分卡方式建立起业绩管控体系。

（2）决策分析：使用科学、有效的方法，测量、分析、整理各部门及所有层次、过程的绩效数据和信息，完善监视、测量和分析系统，系统所收集、分析的数据和信息，为公司及各部门、各层次的绩效改进提供依据，并促进相关方绩效的提高。

（3）绩效改进：公司的改进分渐进性改进和突破性改进两种。渐进性改进由各个部门自行进行，以提高本部门的过程效率。突破性改进是对现有过程进行重大改进或实施新的过程，通常由业绩管理部等职能部门负责实施。

整个改进过程按 PDCA 方法进行，改进效果的验证由各部门负责人负责，改进效果的确认由业绩改善小组负责，确认后本次改进实现了闭环。

从三方面对改进进行评价：①被改进过程的输出是否达到预先确定的目标；②改进后的过程活动是否可重复；③与其他管理系统是否协调。

（4）改进方法的应用：通过综合分析各部门数据、信息和分目标完成情况，制定改进“计划”，将“计划”具体分解到各部门并组织“执行”，再以跟踪“检查”确保绩效达到期望水平，收集“检查”获得的数据、信息进行分析得出结论，再依据结论进行“处置”，即基于分析结果调整过程并将不足和存在的问题带入下一个 PDCA 循环。

四、业绩管理体系实施结果

经过两年的实施，经营管理结果如下：

1. 顾客与市场的结果

（1）以顾客为中心的结果：近 2 年的顾客满意度呈现良好的趋势，顾客对公司产品的感知价值越来越高，愿意推荐和愿意继续使用的比例逐年提高。同时公司在逐步缩小与标杆企业距离。

（2）产品和服务的结果：公司业务增长迅速，产品在全球同行业中销量排名第一。

2. 财务结果

各项经济指标有了较快的发展，销售、利润等指标年增长率都超过了 10% 以上，近两年的财务及经营状况始终保持着良性的发展势头。随着公司的计划管理、成本管理、资金管理、应收账款管理等各项先进管理理念和管理方法的贯彻和执行，公司的主要财务指标无论与竞争对手比较，优势会更加明显。

3. 人力资源结果

（1）公司人均利税率、全员劳动生产率、薪酬增长率、对员工奖励数量见下表：

年份	人均利税率（%）	全员劳动生产率（万元）	薪酬增长率（%）
2010	7	173	6
2011	8	232	8
2012	12	286	10

（2）员工流失率比以前下降20%，以前是招不到人，现在都是老员工介绍。

（3）经导入辅导员制度后，各岗位员工熟练程度逐年提高。

（4）员工薪酬和福利逐年增长，工作环境不断得到改善，员工满意度不断提高，近年来员工满意度变化见下表：

年份	薪酬福利（%）	卫生（%）	环境（%）	员工（%）
2010	87	87	87	70
2011	91	87	91	85
2012	90	85	91	88

4. 过程有效性结果

（1）采购过程的结果见下表：

项目	2010 年	2011 年	2012 年
原材料合格率（%）	95.5	97.5	99.2
供方供货及时率（%）	92.1	93.5	95.7
对供方的满意度（%）	89	90	92

（2）产品设计和开发过程的结果见下表：

项目	2010 年	2011 年	2012 年
新增加专利数（项/年）	10	18	30
新产品开发计划完成率（%）	90	100	100

（3）产品实现过程的结果见下表：

一次交检合格率	85	92	99
工艺标准贯彻率（%）	100	100	100
新顾客销售额占总销售额比率（%）	6	7	8
总投入产出率（%）	94	96	99

5. 社会责任结果

公司主动承担社会责任，积极治理企业环境，努力营造健康安全的工作环境，对社会作回报。先后投入 1000 多万元，对生产环境和食宿环境进行改造，使生活环境和生产环境得到了极大的改善和提高，节约了能源资源。向教育事业、慈善会、失学儿童等累计捐款达 5000 多万元。

参考文献

[1] 吕力．企业经营管理哲学：企业经营管理中的图式理性［J］．经济研究导刊，2012（3）：33－34，43.

[2] 稻盛和夫．经营为什么需要哲学［M］．曹岫云译．北京：中信出版社，2011.

[3]（日）猿渡清光，松下幸之助．经营沉思录［M］．路秀明泽．海口：南海出版公司，2009.

[4]（美国）迈克·鲁斯．丰田套路———转变我们对领导力的认知［M］．张杰译．北京：机械工业出版社，2011.

[5]（德国）迪尔克·拜克曼．失去乔布斯，苹果会怎么做［M］．汤磊等译．北京：中华工商联合出版社，2011.

[6] 成中英，吕力．成中英教授论管理哲学的概念、体系、结构与中国管理哲学．管理学报，2012（8）：1099－1110.

[7]（美）吉姆·C·柯林斯，杰里·I·波勒斯．基业长青［M］．北京：中信出版社，2002.

[8]（美）迪克·格罗特．刚性排名——发挥业绩管理作用［M］．祝吉芳译．北京：商务印书馆，2009.

[9]（荷）安德烈·A·德瓦尔．绩效管理魔力，世界知名企业如何创造可持续价值［M］．汪开虎译．上海：上海交通大学出版社，2002.

[10] 李凯城．向毛泽东学管理［M］．北京：当代中国出版社，2010.

[11] 何万斌. 稻盛和夫的伟大基因 [M]. 北京：中国发展出版社，2010.

[12] 叶生等. 第三种管理模式：中国企业文化战略 [M]. 北京：机械工业出版社，2006.

[13] 邱庆剑. 世界500强企业管理方法精选 [M]. 北京：机械工业出版社，2006.

[14] 卢俊卿. 幸福企业才是最好的企业 [M]. 北京：中国社会出版社，2012.

[15] 赵日磊. 轻松做绩效：让员工和组织一起成长 [M]. 北京：中国电力出版社，2012.

[16] GB/T19580－2004《卓越绩效评价准则》.

后记

人们常说：改变一个人很难，尤其是改变一个人一生事业发展方向更难。这是我人生第二次重大选择，这个选择终结了我过去20多年来的工作历程，重新迈向人生新的征途！我经过深入学习稻盛和夫的管理经营思想，亲自去稻盛和夫创办的世界五百强京瓷企业、一年成功拯救破产的世界500强日本航空公司学习，同时还深入到导入稻盛和夫经营思想和工具的企业参观和学习，还与日本神户大学研究学者们进行深入交流后而做出的人生重大抉择。

目前我已进入人生重要的新旅程：在有效生命时间里全身心地研究和推行《如何达成、超越、提升公司业绩目标的方法》，以探寻中国新时代企业管理工具，致力于中国企业的标准化、持续化、业绩提升作为一生奋斗的事业，引领新商业文明为己任，为实现中国梦做贡献。不管遭遇何种困难和障碍，我仍将以坚定的意志朝着目标的方向前进！这也是我2012年4月结束日本学习回国后做出的决定！

我们这一代人历经了国家改革开放前后发生的巨大变化，经历改革开放后中国企业在经营管理中所遇到的种种困惑和发展瓶颈问题。我一直期望通过20多年来学习和研究世界先进管理思想和工具，使其与中国文化相融合，总结出企业经营业绩如何提升的方法，期望帮助现今中国的企业家们在世界管理方法丛林中快速找到基业长青的秘诀。这个想法终于在2012年的3月列入行动议程，从动笔开始，历经1年多时间，终于完成了本书的书稿。

回首自己职业生涯的20多年来在企业管理道路上一路走来的艰辛的脚印，这本书似乎更有着其特殊的意义。此书完稿之际特别感谢以下的人：

首先要感谢我的父母把我带到这个世界上，从小教我诚实做人、努力奋斗的思想！他们二老虽然都早已离开人世，但他们朴实、正直、坚强、勤劳、慈爱，一生艰苦奋斗和清贫正直的人格魅力将影响我今后的漫长人生！

二是要感谢我赶上这个快速发展和变化的时代，让我经历了改革开放前的生活的艰辛，同时经历了改革开放的今天物质丰裕、信息丰富的特别时代，给我提供了一个广阔的四海工作和学习的环境。

三是要特别感谢我的家人对我工作的理解和支持，使我能全身心的投入到工作和学习中！

四是要感谢互联网、管理研究学者、企业经理们，为此书提供了丰富的参考信息，让本书有很强的可读性。

五是感谢上海水星家用纺织品股份有限公司董事长李裕杰先生，总经理李裕陆先生，是他们给我机会结缘稻盛哲学；助手徐惠珍小姐对工作的全力支持和帮助。

六是感谢吴海燕博士对此书提出的宝贵意见。

七是感谢在以往的工作生活中给予我鼓励、支持和帮助的长辈、亲人、同事、朋友，有了你们的帮助和支持，才使得我能在工作中不断地成长。谨以此书奉献给辛苦工作在我国各行各业的企业家和各级管理者们。衷心希望社会各界人士坚守以“作为人何谓正确”的为人处事原则，度过自己幸福美好的一生；衷心祝福企业界的同仁们能够学有所思，事有所成！衷心祝福企业家和企业经营者们事业蒸蒸日上、成为伟大的企业，永续经营！

最后感谢企业管理出版社及编辑老师的帮助，本书才得以顺利出版。

2013年3月20日
作者于广州

关于稻德堂·中国

稻德堂·中国主要研究传播中国传统文化、稻盛和夫、德鲁克等管理大师的管理思想和管理方法的精髓，并将这三类思想及方法经过多次回炉重炼，总结提炼出适合中国企业发展的经营管理模式和中国企业发展的经营哲学、标杆管理和业绩管理为中心的管理咨询和培训为主题的咨询机构。把控管理、经营风险，提高抗风险能力，倡导以事实为依据、以解决问题为基础、以发展为导向，以提升业绩为结果的经营理念。目前我们拥有国内唯一专职做企业经营哲学的团队，且在业内和企业团体中非常知名。目前代表性著作为《强企：世界领先企业提升业绩的秘诀》。

一、使命

在追求全体员工物质与精神两方面幸福的同时，致力于中国成长型企业的正规化、国际化、持续化、经营业绩提升的体系建设，使其成为伟大公司。为早日实现美丽的中国梦做贡献！

二、愿景

协助国家和各省市、地方政府建立“社会主义核心价值观（经营哲学）植入公民心中的方法体系”，并推动落实，提升公民综合素质，使社会更加和谐，国家更加繁荣富强，并成为新时代商业文明的引领者。

三、核心专长

为所有有志于实现长期永续经营的企业设计、制定相配套的一体化业绩提升解决方案：如：经营哲学建设、标杆管理建设、业绩管理体系设计等。

四、经营原则

我们专注于中国企业经营业绩提升，通过专业工具发现企业的短板和系统问题，进行针对性系统性的改善，提升经营业绩。

我们专注于个性化打造，不照抄、不照搬、不硬套，通过独特诊断方式为企业量身定做全面业绩提升系统方案。

作者声明

在本书的写作过程中，作者参考或引用了一些报刊和网站刊登的文献，由于缺少联系方式。事先未能逐个通知著作权人，但均已标明出处。在此，我们向这些文献的作者表示感谢！同时，如果发现您的作品出现在本书中，欢迎您与我们联系并提供相应的证明资料，以核发稿酬！

稻德堂·中国联系邮箱：pengchenghe137@ 163． com